L'oint teint

Gaëtan Tiers

L'oint teint

Roman

LE LYS BLEU
ÉDITIONS

ISBN : 979-10-377-8194-9

À Eugène, Jef, Alain, Fabrice, Emma, Tenrose,
MargOcéane, Mareine, Colie et un autre…

Du même auteur

L'or œillé, Le Lys Bleu Éditions, 2023.

Les pages qui suivent sont celles d'un enfant mort ;
Que je n'encombre aucun lecteur de bête espérance.

Qui écrivit ce livre, à qui prête-t-il vie ? Ici, un passeur. Je tiens cela d'un dernier mot, trouvé au sol, à son corps froid.

La chose est complète. Quelques minutes encore, et déjà l'éternité. Qu'aucun ne me blâme, coquin... Le style s'est là heurté à de nouvelles limites conceptuelles. Je fus et suis fort aise.

Adieux à vous, garde centenaire,
Adieux à qui les accepte.
Je m'en irai dès l'aube claire,
Semer d'idées les prairies vertes

À ces choses en demeurent d'autres : deux lettres, d'étranges mots et un carnet, cervœillé.

GT

L'oint teint

À trois ans, il était fin prêt à user sa vie aux découvertes de ce qu'il sut de brefs instants, ainsi vite oubliées. Pour savoir ce que mouvait son cervelet, il dut mettre sa croyance aux genoux des rares maîtres de son histoire. En revanche, éclairer le pourquoi de son être s'avérait bien différent. Ni parents ni proches infligés ne pouvaient dédouaner ce jeune humain de la responsabilité, lourde et consistante, d'apprendre à se survivre. Il était né pour d'autres, et devra avoir à cœur d'en assumer les conséquences. On lui assurait que, malgré l'horreur de son accouchement, il était jusque-là un enfant adorable. Admirable ! Malgré ses jeunes insomnies, il s'astreignait à ne pas déranger autrui de ses cris. Il savait, et se taisait. Un enfant adorable, qu'on lui disait. Jeune, il se grandissait sur la pointe des pieds, traversant les âges et ses journées. Il avait tout, tout du parfait rien. Il avançait sur un tapis de vent, ballotté par les dunes épiées de ses fins yeux bleus. Parfois, il penchait la tête, et trempait ses doigts dans le désert, songeant en rêveur halluciné au chaos de ses pensées. Sa tête avait en son cœur un désordre. Celui des hommes, des bêtes et des cieux. Son cœur, plein de nature, avait en son sein des regards, des histoires et des joies. Mais vidé, comme ça lui arrivait, il n'était plus guerrier. C'était alors un petit gars bêtement alité, tremblant et angoissé… Bienheureuses les contractions cardiaques, hauts sursauts de vie dé ! Dé en boule, et les nombres sont tant !

Le soir, il était mauve. Comme attristé au royaume des joies à fleurir. Il fermait les yeux dans le noir pour y voir, par quelque influx de paupières, des couleurs nouvelles. Du bleu au rouge, les contours violacés, tout indéfinis ainsi qu'une tâche au cahier. Et d'ailleurs, les yeux tâchent-ils ? Les cieux le savent-ils ? Il était adorable, qu'ils disaient.

Il pourrait vous l'assurer s'il vivait encore, ce môme. À l'époque, son maître disait qu'il aimait jouer comme tout enfant de son âge, propre et insouciant. Malgré la parcimonie de ses rapports amicaux, il était épanoui, fort et heureux ! C'est ce qu'il disait. C'était qui il était, pour ces « autres que lui ». Encore fallait-il s'en persuader.

Là régnait, blottie en son cou engoncé, l'angoisse. L'angoisse mortelle. La mortelle angoisse qui ressasse et brasse nouvellement tout ressac, laissant en seul cadeau salé un esprit écumé, sale et… morne. Comme des pattes velues, chacune dirigée en petits pas crus et discrets, elle s'insérait des oculaires cavités pour, enfin livide, s'étaler, amère. C'est dès lors que la raison de l'ère que l'on aime à glorifier faute au seuil des portes closes, fermées aux rêves. Commença l'oraison, froide et jaunie.

« J'ai 9 ans ».

Né trompettant

C'est ainsi qu'il naquit vraiment, d'un long et immense accouchement, sans draps à laver. Quelques revers de manches suffiront à éteindre ses larmes. Sa pensée demeurait confuse, et cela l'éreintait au moins autant que la peur de la découvrir linéaire, à la façon des hommes fiers, ainsi mortifères. Il vivait un appartement, avec un petit chien, de ceux que l'on enterre sans crainte de n'avoir le terrain nécessaire. Ayant le même âge que lui, il songeait parfois à sa mort future. « Et ce chien, le mettrons-nous dans une poubelle ? S'il n'est plus vivant, à quoi bon ? Autrement, il mourrait à mes yeux de plus belle ! Nous le jetterons pour acheter le second ! » s'écria-t-il un jour à ses parents. Selon eux, qui le couvaient d'un amour charnel et matériel, il n'était rien d'un garçon conventionnel. Il n'avait pas intégré les normes que les autres avaient édifiées pour lui, ces chemins de verre bâtis d'idéaux et d'âmes perdues. Ces lourdes structures qui flottent pourtant, que l'on emprunte en serpent croyant son vol, et qui confèrent aux hommes la fierté de leur appartenance à un ordre quelconque, les costumant d'un supérieur exhibé, indispensable aux contrepoids de leurs perversions névrotiques et grandissantes. Fils unique, il héritait ainsi d'une présence naturellement forte à la maison. Ne commandant rien ni personne, il se languissait d'être servi en bonne et due forme. C'était le salaire minimum qu'on lui devait. Ils habitaient un quartier pauvre, jumelé à l'école… ses colles et ses cris. Il y passait des journées pires que ses nuits, les déroulant tous les quarts d'heure à cul-sec de shooters à l'ennui. Alors il rêvait en enfant lunaire, les bras coudés à son bureau bancal et grumeleux. C'est un soir de ces jours qu'il fût à nouveau convoqué. L'été venait à pas lourds, c'était en juin. Dix-sept heures et trente minutes : dans une salle, un bureau, une horloge ô combien reluquée, le professeur et directeur, ses parents, son chien et lui. Il trépignait de fuir, sans but aucun, souhaitant simplement marcher, cavaler, avancer. Il scrutait par la fenêtre les rougeoiements lumineux portés par les vents chauds, tandis que l'homme en face d'eux prenait la parole. Sa voix nasillarde le fit pouffer. Ses propos, il saurait presque les énoncer d'avance. Compliments d'usages, regard appuyé, visage et langage usé. Son costume, bien taillé, prêtait allégeance à sa fonction ô combien méritée. C'est un des hommes sérieux ! C'est un homme ! Son ton empruntait les chemins qu'avaient façonnés des années de société, et il s'en amusait autant que de regarder ses mains, propres et soignées, soutenir un discours ennuyé. Le chien grogna, et par instinct, ce petit garçon lui répondit d'un même raclement de gorge. Consternés, ses parents ne pouvaient croire en l'homme bien habillé. Il proposait un saut de classe pour l'enfant singulier.

Illico

Ses vacances d'été furent riches de soleil, de lecture et d'ennuis. Rien de plus. Sa semaine annuelle de camping en fin de juillet sur la côte basque passa sans embûche particulière. Sur la plage, il s'étonnait des cris d'enfants de son âge, pleins de vie. Ils couraient, perturbant continuellement les dessins tracés au sable du mouvement ambiant. Il avait lu, au détour d'un bouquin de la bibliothèque en face du logement de ses parents, une introduction à l'atomistique. Des électrons gravitent avec désordre autour d'un noyau atomique. Ces enfants n'étaient à ses yeux rien de plus. Son monde se désenchantait déjà des malédictions, fortes et basses, qu'ils pouvaient porter à autrui. Sa pensée diffuse, il baissa la tête, saisit une poignée de sable, s'étonnant du nombre de grains et de leur petitesse. Et il lâcha las ces centaines de choses. Son cerveau se brouilla rapidement, et, alors assis, il tomba à la renverse. Il ne pouvait plus bouger, angoissant comme souvent. Proportions ! Proportions et égarement ! Son regard dur et ses lèvres tremblantes trahissaient son état, que personne n'aperçut. « Mais les autres sont aveugles », se murmurait-il. « Peu m'importe, car rien ne leur importe ». Plus tard, la chose endormie, il se releva sur les genoux. S'époussetant, il sourit et se colla à sa maman. Il prit ses mains dans les siennes, les inspecta, retraçant le chemin de ses veines comparées. Ses dents se découvraient de mélancolie. « Serais-je nostalgique du plus loin ? »

Any versaire

Le 14 avril, date de son anniversaire. Il prit quelques avances pour attendre ce jour, il est vrai, et il se passa à merveille. Tout du moins jusqu'à la fin du repas dédié à ce jour. Les bougies rangées et les cadeaux ouverts, c'était fini. Il comprit alors le pouvoir délirant de l'attente, et destructeur de l'après. Il sentit l'importance des projets et des espérances, conséquences des flammes de la vie. Ces flammes qui, déjà et peu à peu, s'amenuisaient en lui. Cette nuit-là fut longue d'insomnies. Assis sur son lit, dans le noir, des larmes longeaient ses joues pour combler au mieux chaque aspérité cotonnée de sa tenue du soir. Le lendemain, la lumière du jour cueillit son amnésie nuptiale de ses premiers rayons. Il ne restait de ces dernières heures que des sensations volutées d'émotions mal fichues. La fin de l'été, drapée de mystères, accueillait son entrée au collège.

Ces jours en soi

De ses années passées, il ne lui restait rien. Le moins possible tout au plus. Errant hélas non sans inquiétudes pour son entourage en ses gouffres lointains, l'ado-rable décrochait là vie, et nid. Béni d'Éole et certain de lui, il planait sur les hommes, l'œil aiglé, saisissant de mille lieux les senteurs boisées des sols abyssaux, en insondables bribes. Pour en soulager l'étrenne, il murmurait sommeillant de substituer à ce réel quelques écrits de la bible… Pour qu'il en ait l'air ! L'air de la nuit aux étoiles en fruits ! L'ère du Noël et des yeux engourdis. Ses affaires, ses amis, ses photos de classe et ses souvenirs furent jetés de lui, dans les feux de l'oubli. En âme et con-science. Il avait projeté le mal que pourraient lui causer de tels actes. Mais derrière la potence se trouve un cadeau, amer et cher. Un cadeau que peu osent provoquer, quand ceux qui en ont l'esquisse, bien haut, le brandissent !

« C'est que pour en être fier, il faut en voir le derrière ! » Les hommes, d'une écrasante majorité, n'ont au mieux qu'un chiffon trouvé en de sombres rues. Car celui qui devient supérieur à cela côtoie les splendeurs du créateur : il n'est plus homme, et n'en a que le cœur en partage.

Une voix raisonnée de la salle émerge, le tirant ahuri de ses bras coussinets. L'autorité professorale menait en bataille une logorrhée menaçante. Il n'écoutait pas cette femme, mais s'agaçait à l'entendre, rouge et égosillée. Le sursaut passé, il retourna épouvanté dans sa forêt intérieure. Forêt si dense où bas les feuillets, abusés des vents immiscés, y dansent. Oh, paysage intérieur ! Ici règnent ses lois, ses peurs et ses fleurs. S'immisçant peu à peu dans son ombre à songes, gagnant au prix de ses repères les images sorcières, il perçut des pétales inconnus à la cime d'un arbre. Tout autour de sa base resplendissaient de divines bruyères. L'angoisse de façonner autrement un si joli tableau le fit admirer la scène. Mais – « car je ne suis qu'un surhomme, trop humain ! » – il avança des pieds sûrs, écrasant des chaussures le fourmillant tableau. Jonchaient à son chemin ces livres qu'il lut dans les affaires de son père. Certain de son génie porté d'un culotté juvénile, il entreprit de monter la nature, comme il savait dompter les êtres y errant. Les yeux tournés vers le ciel et le regard plus haut encore, il fixait de gigantiques pétales !

Un vertige insensé lui prit le corps, voyant fuir de sa hauteur le fruit de ses efforts prochains. Il suffoquait de rage, et sauta en s'entourant de sa largeur à l'arbre… Piqueur !

Il était tout à fait bloqué, percé de part en part des fines aiguilles protégeant ces bas-cieux. Ses premières pensées allèrent à sa conduite honteuse, honteuse ô combien !

« J'ai chu, déjà si bas ! Me voilà pendu, en macchabée perdu et au sang coulant ! La douleur est tenace et me perfore. Ah ! Douleurs, quittez-moi, je suis mort ! » Après assez de temps lamenté, il tremblait. Se ressaisissant, il comprit. Alors les épines en nombres infinis se retirèrent de lui, lentement, et il sentit. Ses yeux s'ouvraient à la salle évadée par ses camarades. Sa chemise au-dessous de son pull était trempée, et lui montèrent les effluves d'un adolescent frais.

Son corps était endolori. Il était vidé. Lui ! Lui qui pensait tout connaître ! Ne savait-il que croire ? En effleurant d'un doigt les deux interrupteurs, sa professeure éteignit les dernières sources de lumière de cette pièce froide. Elle se dirigea vers lui. D'une globale expression de compassion, il décelait néanmoins en son encontre un mépris cristallin.

— Quand finiras-tu par être sage ? lança-t-elle.

— Et vous, quand cesserez-vous de l'être ? Je ne souffre d'aucun manque de sagesse, je la séquestre, voilà tout.

Lorsqu'elle reprit la parole, il la coupa d'un geste et deux mots :

— Et je vous hais, vous et vos manières.

D'apparence, il n'était alors qu'un sale gosse, sûr de lui. Il osa un sourire du coin de la bouche, perdu. Il sortit en claquant la porte. Cette femme avait eu l'air mourante à son écoute, et ne sut rien lui répondre. L'explosion du bruit de la porte dans le couloir n'étouffa pas ses sanglots impudiques. Il prit l'escalier, les yeux piqués de larmes, et sortit en dehors du collège élégie. Sur le chemin du retour, il lui semblait rester immobile. Il n'avançait pas, seul le paysage défilait sous ses pieds. Au-delà du harcèlement réflexif de sa pensée lui martelant l'inconsistance d'un tel jeu d'esprit, il espérait secrètement découvrir une réalité transcendante, la vraie réalité arrachée au cobaye. Ou cette réelle vérité à jamais attendue. Celle de l'explication du truchement saisissant sens et vie. Se croyant un instant à l'intérieur d'une grande salle noire, baignée d'un fond diffus holographique aux mille artifices immersifs, il marchait dans un autre monde. Ses croyances se substituaient à sa vision faussement tangible du sensible. Son scénario allant, il s'approchait machinalement du bas de son bâtiment. Il peinait à respirer tant son cerveau le tracassait.

Arrivé la gorge pleine d'effrois au bas d'escaliers, il s'écroula sur les marches menant à la porte d'entrée. Il suffoquait, incapable de gravir ces quelques étapes de vingt centimètres chacune, tout au plus ! Il se sentait mourir, de la plus atroce des manières, sans emprise aucune sur le raisonnement de ses peines. « Comme je suis mauvais, comme je suis vil ! » En cadavre pensant, il ne sut porter plus ses membres… tout aussi saisi par son expérience antérieure, lui revenaient les pleurs de cette femme, et ses yeux, et ses gestes. Se maudissant encore et davantage, il se leva le sang aux lèvres, monta dans son appartement et insulta comme parfois ses parents pour s'emmurer dans sa piaule et y crouler au pieu. « Ah, douleurs ! Douleurs de l'humanité fécondée ! » Il saisit, certain de son acte et du dessous de son lit, un couteau sans dents dont sa famille ne s'était inquiétée de la disparition. Le geste lent, comme pour en savourer le goût, il plaqua la blanche lame sur son avant-bras, et coupa la chair et quelques veines. Le sang débordait des plaies comme on le lui susurrait. Maintenant, il le vivait. De gros bouillons de vie louvoyaient des coupes à ses longs doigts recroquevillés. Extasié, il jeta le couteau taché au plus loin de son petit monde. « Enfin ! Je suis bien vivant, tant le sang dégouline ! C'est le fruit de ma peine, que je plante en mon lit ! » Ce dernier s'imbibait d'un alcool rouge et vrai. Le jeune garçon s'endormait d'un paisible élégant.

Ô pétales !

Et voilà l'un de ses malheurs : c'était un homme, portant plus lourd encore que son corps, ses accents neurasthéniques et lassants. La douleur enjointe à la sécheresse de ses yeux en dérangeait l'éclosion. Il se demandait si son corps l'empêchait d'exercer ses désirs pour son bien, tant les premiers rayons entrants en ses globes furent… lumineux ! Il les referma à nouveau, et entendit geindre en perdrix effarée sa mère, affalée sur son nouveau berceau. Encore aveugle, il caressa de supposés cheveux. Il aurait cru caresser son chien si le crâne n'avait pas de sa taille trahi l'animal, tant ce fut rappeux et peu agréable. S'efforçant de lutter contre la douleur aiguë que ses yeux lui infligeaient, il vit sa maman dans ses bras. Son cœur palpitait en tambour de guerre. Il sentait son pouls résonner dans ses oreilles, jusqu'à son palais. Sa mère… Sa mère avait pris dix ans d'âge. Ses cheveux étaient rassis et blanchis de gris. Ses rides aux commissures, en crevasses échancrées, tremblotaient au rythme de ses lèvres, humectées de bave. D'un recul averti, il put observer plus globalement cette femme, qui se levait avec peine, cassée. Il ne pouvait se tromper quant à la personne en face de lui. Cependant, plus son regard fondait sur cette créature maternelle, plus elle lui semblait irréelle, comme tirée de ses angoisses enfouies. Ses yeux, ainsi que son teint, avaient pâli. Ses mouvements étaient arriérés. Tous deux seuls dans la pièce froide, ils pleurèrent, sans bruit. Après une trentaine de secondes, il sécha ses larmes, et plomba son visage d'une lointaine présence. Il ferma son bis-œil pour ne pas se dévoiler de charmes avant la visite, plaqua sa vision à droite et inspecta les lieux d'une migration lente à gauche. Adossée à un mur sans tableau régnait une armoire en bois, affreusement vieillie. Au sol traînaient des jouets d'enfants aux couleurs sans nuances. La seule porte du fond se distinguait mal, cachée d'un petit couloir par les perspectives de la chambre. Sur la commode, en face de lui, sous la télévision portée d'un mur bleu chiant, il voyait des livres. Ceux qu'il aimait vraiment, ses amis froids et sûrs. Et, tirant vers sa gauche, comme illuminé de la fenêtre qui ne laissait rien voir du dehors, brillait le couteau.

— Pourquoi t'as fait ça ? barbota sa mère.

— Qu'ai-je fait ?

— Pourquoi t'as voulu crever ?

— Ce n'était sans doute pas moi, peut-être un autre, l'un d'eux.

— J'comprends rien, explique-moi…

— Cessez, je vous prie…

— Pourquoi tu me vouvoies ?

— Laissez. Je veux dormir, fermez les volets par trop ménagés, et sortez… je vous prie.

Elle s'exécuta, le corps allant contre sa pensée. Perturbée, il la sentait violée, à quelques doigts de craquer. Elle sortit. Par un lourd grondement et un torrent de cris maladroitement vocalisés, il comprit qu'elle vit son père au sortir de la chambre, et l'imagina s'effondrer en ses bras.

Dans une couette fraîche et un matelas aussi fin que dur, il inspecta ses cicatrices, puis ses perfusions qu'il trouvait abjectes. Il s'étonnait que la chambre n'ait rien d'une chambre d'hôpital ordinaire. Il s'étonna même de cette pensée, réalisant qu'il n'en avait jamais vu auparavant. Son expérience de la vie l'avait écarté de celles-là. Peut-être était-ce pour cela qu'il s'était offert le luxe de goûter à ce dont la vie ne lui avait encore accordé l'obligation. Ou bien était-ce pour ressentir ce dont il avait oublié le goût ? Les rideaux laissaient passer un pinceau de lumières que la lame encore salie réfléchissait avec insolence. Sa vision se troubla. L'objet maculé de sang lui semblait projeter en vilaines ombres un fond rouge insupportable. Il tendit maladroitement son bras droit troué d'aiguilles pour appuyer sur l'interrupteur fermant les volets que sa mère lui avait de ses actions dévoilés. Le noir fut complet. Son noir fut comblé. Ses problèmes allaient. Éteindre les feux de la réalité était, depuis l'âge des premiers souvenirs, les signaux d'un incendie à son mont de pensées. Il ferma les yeux et ouvrit par dépit la porte en face de lui. Celle des songes que l'on passe dévêtu. L'âme ainsi nue, la forêt reparut. Quelques couleurs accompagnaient avec force les détails accrus du paysage. L'arbre aux hauts pétales se tenait droit, religieusement calme. Le jeune homme s'approchait en humant l'air marécageux. Ses pieds pataugeaient maintenant dans une boue certaine. Quand sa distance au vieil arbre, meurtri des années, faiblit assez pour en voir les défenses armées, il s'arrêta. Large d'un demi-petit bras, son tronc s'amincissait du bas vers le haut en détours fluorescents. Des boursouflures lézardaient le bois à la façon des veines, gorgées de sève surannée. Il approcha lentement un doigt gauche à l'écorce. C'est, non plus proche qu'une dizaine de centimètres, que des épines de deux fois la longueur jaillirent à nouveau du bois, le traversant jusqu'à l'avant-bras. Il sentit palpiter la douleur, et son cœur en tout son être. Son champ de vision se restreignit sur son aile, déplumée et si fragile. Un liquide épais et noir coulait en lourdes gouttes de son coude à ses chaussures à demi visibles. Il éructait des cris et des mots plaintifs quand, lentement, les piquets endormis se rangèrent dans le tronc. Sa bouche s'engourdissait, la salive sanguinolente. Pliant son bras pour s'en rapprocher les mille plaies, il eut un haut-le-cœur. Non pas des blessures, bien qu'atroces, mais de sa condition nouvelle. Il n'était qu'un homme. Un pauvre homme, puéril, et fatigué d'en durer. Son corps s'affaissa assez pour tremper ses deux mains au sol, en dernier soutien. Il pleurait de l'âme, de l'acide. Il pleurait son être. Il pleurait de l'être. Il n'était qu'un homme. Il était un homme. Homme parmi hommes. Comme un autre. Il ne se sentait ainsi que de sa chair, de son ombre. Non de son monde. « Car le leur m'a exilé ! ». Malgré ses différences avec les autres qu'il sentait cyniquement vibrer au plus profond de lui, malgré ses considérations intérieures de dieu solitaire, il n'était qu'un homme. Il n'était qu'un autre pour ceux-là, ceux-là du réel partagé. De deux revers de manches, il balaya les larmes de son visage pour y porter un masque habituel. Le regard dur du vainqueur prêt au combat, il se leva et usa de ses facultés mentales. Il changea le parterre embrumé en herbe fraîchement écourté, et fit venir à lui une hache affûtée. Il fermait les yeux, acceptant en ses entrailles une force nouvelle et colorée. Celle noire et dorée d'une joie projetée ! Il porta trois coups d'un côté, autant de l'autre, et fit s'échouer le haut porteur de pétale désormais bas et long. Le ciel en fut étourdi, et des rayons avant interdits s'invitèrent en ses yeux là fleuris. Il jeta l'arme, et se précipita vers les fruits de ses efforts. Ces derniers fanaient, déjà gris. Il s'étonna de son manque de peine. Peu lui importait. Mais une fraîche luminosité faisait défaut à son oisiveté. En se tournant, il prit la meilleure place pour contempler des hauteurs inexplorées, découvertes des anciens feuillets. Lui qui parfois s'honorait de l'exclusivité d'une pareille forêt, avant si fier de ses secrets renfermés, découverts, triturés… noyait parfois ses plumes à narrer des nuits séjournées. Ah, lui qui s'ennuyait de tout connaître et généraliser ! Traînant en cerf boisé parmi les pantins boueux, arrogant et droit, hors des sentiers accouchés, riant la mort et torturant la vie en lucide borné, il créait sans support un paysage adapté. Mais où sommeillaient ces parfums iodés et ses visions d'enfant ? Où logeaient les astres et les monstres géants ? Et quand finit l'hiver, et que dit l'océan ? Tout étant si fade et si pareil, il n'avait songé à admirer le ciel ! Il voulut devancer sa pensée, et se jeta sur le sol racineux. Il vit grouiller cent insectes de tant d'aspects ! Émerveillé, il se releva, sali, mais… Heureux ! Il s'écarta pour s'offrir le meilleur angle possible et observer au plus loin, à travers ce haut trou de verdure. « Ne serait-ce pas des nuages, là-bas, si gris et orageux ? ». Un tambour cardiaque résonnait à son ventre creux. Son discernement altéré par l'essence pseudo-consciente propre à ce monde, il se maudissait désormais de n'avoir pu grimper à l'arbre effondré pour en étudier, du haut des floraisons, les horizons désirés. Un voile blanc assombrit tendrement sa vision, sourdement le reste. Il s'éveilla, fatigué. Ses frais souvenirs pris d'assaut par l'insidieuse amnésie, combattue de toute la ferveur qui en empêche la commune défaite, brillait ainsi que le feu cyclique d'un phare lointain. Les remontées mnésiques ballottaient sa conscience. Il agrippait chacune de ces réminiscences convoitées en araignée trop pattée. Satisfait de son acharnement, et retournant obsessionnellement à cet enclos incertainement improvisé où trottent ses choses, il apaisa son humeur d'un long souffle. Une grande respiration. Puis un long souffle… Une montagne inconnue s'imprimait à ses yeux.

Le jeu des rives

Je crois qu'en ce jour il a vu. Son monde, rien de plus, et c'est assez. Mais il a vu. Ce soliste sans public alors prompt à l'exaltation vit mûrir sa création au point qu'elle le surprit, lui, étonné à la découvrir en croyant l'imaginer.

Dès lors, l'explorateur devint exploré. À la sortie de l'hôpital, ses seules paroles furent l'expression d'un désir aussitôt exaucé. Un détour par la bibliothèque municipale, pour se saisir de bouquins universitaires sur les travaux psychanalytiques des deux derniers siècles. Il avait faim, soif de connaissances, et se gargarisait goulûment de cette boulimie passagère auprès de tout corps étranger à son monde. Sa supériorité ressentie passait désormais exclusivement sous le prisme de cette singularité existentielle. L'humain lui était laid, bête et servile. Seuls ses enfants intérieurs, intouchables et lumineux, lui offraient un semblant d'espoir. Il en trouvait un sens, sous-jacent et nécessaire. Le monde commun, car partagé et ennuyeux, était à ses yeux une vaste blague, un terrain d'essai propre aux expérimentations. Ce vaste monde issu d'un autre, ou fort de son auto-genèse… Cet univers brun, sans question, et riche de celles à poser… Ce sont ses substances qu'il assaille, triture de ces actes éhontés. Il se voit en cerveau tentaculaire. Son corps n'est qu'un prétexte. À la vie, aux relations ou aux plaisirs. C'est durant les danses, en ballet immense, qu'un bras fougueux arrive à se perdre en l'ouragan symphonique. L'effervescence atteinte, cette lame en trance revient périodiquement lacérer son cœur sans éveiller d'alerte. S'en échappe alors un pétrole noir, visqueux et inodore, ne révélant son essence qu'à son être fatigué, empêtré. Puis, âme et corps, unis, l'engoncent progressivement dans un état dépressif. Ce sont ces périodes qu'il veut écrire, imaginer, et sublimer d'un monde supérieur. C'est donc le marteau dans l'œil qu'il construit en artisan céleste, de ses ruines intérieures, des vices et des villes. Mais déjà, les premiers fondements échappent à sa lumière.

Éveil nocturne

La première suite au violoncelle de Bach résonne dans sa chambre. Il se réveille tranquillement, profite de ces quelques minutes hors du temps. Entre le sommeil et l'éveil, les bribes de rêves échappées titillaient son esprit. Il a quatorze ans. Il ne se passe plus un jour sans ses rituels matinaux. Il se lève, compte six pas pour sortir de sa chambre, dix pour atteindre la salle de bain, trois pour se positionner devant le miroir. Il se regarde, s'inspecte et détermine chaque changement physique laissé par la nuit. Tout bouton, poil ou effet de peau est inspecté. Déjà nu, il entre dans la douche et lance l'eau fraîche sur sa peau. Elle chauffe au bout de quinze secondes, qu'il compte inlassablement. Il n'y a pas de mitigeur, la température alterne constamment du chaud au froid et, faute de tapis de douche, le sol est glissant. Ouverture des rideaux, il porte sa main à la serviette blanche. Essuyage rapide, de même pour l'habillage. On rapporta à ses parents, de la part du voisinage et des enseignants de son lycée, un comportement changé. « Tête en l'air », « dérangé », « anxieux ». Physiquement, ses bras s'arment quotidiennement de larges marques rouges. Tout moment passé aux côtés d'un autre humain lui est redoutable. Il ne peut retenir ses doigts, ses ongles, de gratter frénétiquement ses avant-bras. Ses tourmentes commençaient au soleil levant. Chaque pas se compte, chaque interaction s'analyse, chaque enfer s'alimente. Les regards perçus l'angoissent, et renforcent son insécurité, donc son comportement déviant associé. Il marche frénétiquement jusqu'à sa salle de classe. Ses pas sont ponctués de saccades propres aux animaux blessés. « Derrière toi ». Il se retourne.

Chose habituelle, des « camarades » à son arrière-train. Jamais les mêmes. Les deux premières fois où il avait ressenti ce type de harcèlement, il s'était battu à en mourir, ou à en tuer si personne n'était intervenu. La deuxième fois l'amena au commissariat. Deux jeunes filles de sixième l'auraient menacé, lui assurant qu'un « grand » était en route pour s'attaquer à sa famille. De rage, il les laissa assommées au sol, et courut jusque chez lui pour découvrir ses parents affairés à leurs tâches, en bonne forme. Passé en traumatisme, il ne put se souvenir de ce qu'il était advenu de son altercation avec les jeunes filles. Ses mains bleu-rouge d'ecchymoses, associées à la lecture d'une agression au journal du coin, ont suffi à sa mère pour le dénoncer. Garde à vue, interrogatoires, amende et travaux d'intérêt général. Les jeunes filles s'en sont sorties sans grandes séquelles physiques. La situation semblait irréelle pour tous. Depuis lors, le jeune adolescent dérangeait. « Tu es un salaud ». Ces commentaires isolés s'intensifiaient progressivement. Combien les gens sont cruels de haïr un matériau d'auto-détestation. Il avait à son égard beaucoup de peines et peu d'amour. Ses pensées se drapaient continuellement d'un même tissu noir. Des flashs insupportables hantaient visuellement son espace mental. Oh ! Surtout la coruscation finale de la balle responsable de sa mort. Il se voyait porter avec désinvolture et certitude un revolver à sa tempe. Clic, boom. Les images d'un crâne à contre-jour sur un fond rouge s'imposaient à lui. La balle perce la peau, éclate la première paroi latérale du crâne, s'enfonce dans ses méninges, laissant à son passage un sillon embrouillé. Sensation d'ouverture finale, et le projectile ressort, affreusement sublimé d'un giclement d'hémoglobine. Il ne contrôle pas ces images. Elles l'étouffent, l'assaillent. Les mois passent avec peine et son sourire est en voyage. Tout effort est terrible, toute discussion impossible. Ses relations familiales sont mauvaises, son décrochage scolaire évident. Il n'assiste plus aux cours, et quand bien même fait-il honneur de sa présence physique, il n'imprime à ses devoirs qu'un froissement tourmenté, déchire les énoncés en regardant hébété ses camarades composer, ou bien rend une feuille blanche, absent. L'inquiétude du corps enseignant a amené à des mesures d'accompagnement catégoriquement rejetées. Il se refuse à tout conseil, tout aménagement. L'adolescent est esseulé, mais l'œillère demeure. Son état mental oscillait classiquement, mais avec une intensité nouvelle. Des semaines ou des mois terribles pouvaient s'écouler : arrivait à chaque fois un jour, commun et imprédictible, où, fabuleusement, le mal s'en allait. Il ne pouvait alors placer aucun mot sur les raisons de ses souffrances psychologiques antérieures, ni même sur leurs effets. Il s'éveillait juste, surpris et bizarre. Ces périodes d'accalmie ne duraient jamais plus d'un mois, suite à quoi ses anciens démons revenaient en trombe, comme de vieux amis. Lui qui en avait si peu… Rares étaient ceux qui s'accordaient à lui adresser la parole, encore moins ceux qui se risquaient à traîner avec lui. Ses sentiments étaient fort changeants, et il en allait de même pour ses considérations personnelles de l'amitié. En revanche, sa position sur la femme et les relations ambiguës que les hommes entretiennent avec elles, restaient inchangées. Ce cinéma lui était ridicule. Cette activité, propre aux esprits les plus bas, était à ses yeux une perte de temps. Rare est l'amour, et ce théâtre est constant. L'acceptation de l'autre n'est qu'une fuite de soi… en soi. Un jour, on découvre que l'on peut être deux à construire ce que l'on faisait jusqu'alors seul. Notre croissance ayant atteint son seuil entropique, nous procédons comme tout corps physique à la quête viscérale du moindre effort. On se plaît à plaire, à forger son expérience de jeune adulte. On est alors figé, et rares en sont les rescapés ! L'autre, repère inconsistant, devient un matériau indispensable. Et un jour, un des deux amours volés s'en va. C'est en galeté patent que l'abandonné souffre un temps de la certitude de ses croyances. C'est le prix du moule à presse, une première expérience de la gangrène humaine : la névrose de croissance. Ces périodes font choir d'une altitude estimable, mais insuffisante. L'homme s'efforce de grimper à nouveau, ne s'apercevant pas qu'il s'agit d'un tout autre relief aux sentiers empruntés. Malheureusement, la perdition est souvent immédiate et définitive. On abroge ses rêves d'enfant, et l'on s'arroge d'une ridicule sagesse. L'homme brillant, pétri de rigueur académique et sur-adapté aux paysages pré-mâchés, peut encore se relever, atteindre les nuages, se nourrir d'une végétation nouvelle. Il éclaire parfois, ou stupéfait de qualités éclatantes. Synthétiquement, il éblouit naturellement par ses capacités à exécuter efficacement des tâches imposées à la majorité. La pertinence de cette définition s'applique particulièrement aux domaines académiques : études, travaux complexes, cercles relationnels. Expression verbale, écrite, rigueur, aptitude aux liens et clarté dans la compréhension des problématiques posées. C'est en cela qu'il jouit d'une supériorité rapidement admise, car l'homme juge en regard de ses propres capacités et limites, ou de celles d'un échantillon d'individus qu'il peut se figurer. Mais ce genre d'homme n'est à ses yeux qu'un pion supplémentaire, un inutile en costard condamné à rester ou entrer dans une bourgeoisie rigidifiante. En revanche, il décernait à l'homme intelligent des considérations tout autres. Car ce dernier peut se fondre dans la masse, se passer sous silence, échapper à son propre et bon jugement initial. Ridicule, décadent, il éclot parfois pour aussitôt rabaisser la tête. Et d'autres fois encore, la naissance a lieu. D'une puissance singulière, portée d'une originalité nourrie de souffrances cultivées, il subjugue à son tour et devient, par sa personne ou ses travaux, une substance étudiée des hommes brillants. Il est alors le créateur véritable, le « grand attracteur », pour parler en termes sectaires. Il déchaîne les passions, renouvelle la pensée, inspire les mouvements : adulé ou décrié – ce phénomène d'équilibre est d'autant plus constatable dans la société française, si traditionnellement moderne ! –, il devient chef d'une meute inconnue qui s'expanse ou non – la société a le dernier mot – aux siècles suivants. La question du rôle de la société sur la pérennité de l'œuvre des hommes l'animait beaucoup. Sa pensée la plus avancée d'alors – non pas son opinion, mot qu'il détestait et dont il se tenait au plus loin de l'usage – était, aussi bête à dire soit-elle, « parce que c'est ainsi ». Il avait nommé son courant de pensée le « mouvement physico-intellectuel de l'anti-contingence ». La limite pouvait sembler fine entre ses croyances personnelles et la théorie du destin, du tout écrit. La première étape l'ayant mené à ces considérations fut sa lecture de vulgarisation scientifique autour de la mécanique quantique. Il lisait durant ses boulimies intellectuelles des articles scientifiques, philosophiques, des critiques d'articles, des bouquins universitaires… Et c'est de cette bouillie informative que se planta face à lui la complexité insupportable de tout système qui, passée sous le joug probabiliste, sut tenir ses neurones en haleine. Pour s'affranchir du ronronnement constant de son cerveau autour de ses problématiques d'alors, puis par la satisfaction finale que lui prodiguait cette conclusion transitoire, il adhéra à sa théorie de l'anti-contingence. Conjecturer l'existence d'une entité supérieure et créatrice le dérangeait depuis ses premiers élans cognitifs. Il refusait les « peut-être », et attaquait ses problèmes d'un frontal manichéen. « Vivons-nous dans ce que l'acception commune dénomme simulation, dont les lois et conditions initiales sont fixées par une forme de conscience, oui, non ? Si non, c'est l'affaire des croyants, si oui, les ressources de calculs sont-elles envisageables ? » Du simple mouvement d'un atome à la cohérence d'un objet complexe, tout cela l'hallucinait. « Dans quel temps propre se trouve alors ce grand horloger du système monde ? Est-il seulement possible d'imaginer un ordre sous-jacent à un tel embrouillamini spatio-temporel ? » Il ne trouvait aucune expérience réelle ou de pensée lui permettant de faire avancer sa position personnelle. Le débat de Bohr-Einstein lui permit de reprendre cette promenade intérieure. Par la force des choses, la conception indéterministe s'imposa, et s'imposa alors aussi à lui, paradoxalement, l'anti-contingence de la force des choses. Nos capacités calculatoires et notre finitude prononcée nous interdisent de définir complètement le mouvement d'un lancer de bille. La nature tranche toujours, et aucune latence ne trahit le mouvement engagé et effectif. Les choses se font par la force même des choses. Qu'un inventeur élabore un prototype génial, la consistance de la nature tranchera toujours fatalement sur son fonctionnement. On ne peut pas perturber son processus faussement calculatoire, et tout semblant de mise à défaut n'est qu'un pas supplémentaire vers l'enrichissement de notre inventaire théorique. Cette vision est largement contestable pour les hommes, créatures logiques. Toute action, subordonnée au désir, est réfléchie à la hauteur de l'intérêt qu'ils y portent. Se ranger derrière la possibilité d'une essence inconsciente supportant tout mouvement serait un aveu de faiblesse, un paradigme limitant. Cela rejoint nos limites intellectuelles de l'acceptation des conclusions que nous avons de « infiniment petit ». La détermination finale d'un état quantique est probabiliste : il est fixé par cette force des choses. L'image qu'il s'en faisait était celle d'une presse balayant toute dimension pour en fixer les états – ou leurs possibilités même d'états – physiques. Son action est inarrêtable, et le monde s'y plie. Il s'agissait pour lui d'une loi des plus fondamentales, extrapolable en loi sociétale. Ah, la société, cette masse informe que l'on décrie de l'intérieur, tout en la façonnant ! Instinctivement, sa représentation de l'histoire humaine était celle d'un large fleuve. Des remous apparaissent ci et là, les virages contraignent parfois le courant, mais dans ce vacarme constant demeure une avancée commune vers une arrivée inconnue. Et le cycle hydrologique suit son cours infernal, et passent les saisons, et s'en vont les années… pour fatalement retenir et saluer le nom de grands Hommes qui ont fait cahoter le fil de son évolution. Mais l'adolescent restait persuadé que l'histoire mûrissait, et arrivait simplement à des points critiques dont les besoins étaient satisfaits par la diversité d'hommes. De tout groupe social s'élève une hiérarchie, avait-il lu dans un livre sur la psychologie des foules. À petite échelle, on ne pense pas au miracle de l'existence d'un meneur : l'organisation se soumet à ce principe du moindre effort. Par la force des choses, un homme se démarque et suivant la quantité d'individus, des groupes se forment ; le reste n'est que remous. Ces derniers peuvent mener à des scénarios temporairement très différents, mais des interventions contre-réactives surviennent constamment. Le pouvoir peut être exemplaire et se mener la vie dure au profit de son peuple. Sa récompense sera une reconnaissance du plus grand nombre. Un mauvais équilibre, comme celui d'un régime totalitaire, ne tient que sur la base d'une tension. Une minorité repose son bien-être sur les conditions inférieures de la majorité. Cet écart doit être alimenté par la menace. Le retour à l'équilibre arrive par rupture franche de cette tension. Les régimes et les peuples évoluent, mais ne sont que le tissu historique de ce qu'ils bâtissent de durable, comme les œuvres et les savoirs. Les grands artistes ou penseurs ne sont, en substance, que les pierres précieuses tombées sous le nez d'une l'histoire instamment prête à évoluer sur de nouvelles tendances, et donc, à recevoir la lumière de leurs avancées. Ces dernières s'appellent révolution Copernicienne, théorie de l'évolution, de la relativité, ou bien Spinoza, Nietzsche, Rimbaud, Baudelaire… Ils auraient pu naître trop tôt, trop tard, ou perdre la certitude de leurs qualités par la bêtise d'un oublié. Le fait est que, par la force des choses, ils sont là, dans les cœurs et les cahiers. Au fond, il pressentait un effondrement prochain de son système de pensée par le simple détachement qu'il en aurait, pour un autre. Mais au-delà de la simple satisfaction intellectuelle de son édification et de ses conséquences psychiques, ses motivations profondes étaient tout autres. Il tirait une fierté maladive à transmuer le monde par le filtre de pensées structurelles. Ses Monades adorées, sans détracteur ni défaut, ses enfants véritables, son ascendance empruntée… Elles sont de prudes jumelles à jamais reluquées, pour y voir un plus loin ! Mais cette mutation cosmique n'est qu'un arrêt temporaire, le fruit de tensions au repos, la graine d'un voyage prochain. C'est un chaînon parmi l'infini qui nous semble être l'indispensable au regard de l'arrivée. Les hauteurs empruntées par les hommes au-delà des randonnées communes, ponctuées de pics et de bonnes terres où bivouaquer, témoignent de leur grandeur intérieure. Car ils cherchent à aller en meilleure place, à honorer d'anciennes promesses aux prix d'indispensables interrègnes. Ils sondent les terres et inspectent les cieux pour colorer les mots et niveler des creux. Leur potentiel n'est pas ici. Leur place est ailleurs ; elle est parfois trop lointaine, et il ne la croit nulle part. Mais ils la sentent, en ont un goût discret. C'est un syndrome insupportable de ne jamais arriver à sa place inconnue. Mais ils avancent, de batailles en repos. Et il arrive que l'on se satisfasse humblement de la vue, que l'on plante plus profondément nos piquets à un endroit où l'air est bon. La réelle perdition n'est pas cette dernière. Elle se situe dans l'insidieuse fierté du chemin parcouru, et, chantant les découvertes, dans l'avalaison fatale des sentiers desquels on ne remonte – car nos pas seuls n'empreintent pas le sol ! – jamais.

Aphorythmique

Au théâtre social, la parole n'est qu'un déguisement de l'expression.

Nous mentons souvent aux autres en essayant de nous convaincre.

Ce n'est que lorsque je tiens le mal aimé, amer et fou pendant mes nuits d'hiver, que me viennent les bassesses affectives. Je boude l'air à le respirer seul, et pleure de n'avoir sous la main la peau linéaire ou les beaux reins d'une passante au regard imprimé. C'est alors que je m'en remets à Dieu, avec à la main mes amis froids et sûrs.

La pensée : ou cette impulsion dont on cherche à témoigner.

On ne peut pas éternellement en vouloir à ses parents…

S'il est vrai que la tristesse plane, que le malheur tombe et que la joie s'élève, alors le bonheur est une force.

On ne cherche qu'avec autant de vigueur un acquis perdu.

Écrire, c'est donner son cœur à dix amours qui, découverts un à un, se dérobent timidement. Et, parfois, l'attention endormie, se chuchotent un bon mot : ceci n'est que cela.

Que m'inspire un ami triste ? L'insupportable sentiment d'insuffisance. La solitude n'altère pas l'égo !

Les relations nées rapidement sont souvent néfastes.

Peu m'importe, car rien n'importe.

L'homme simple n'est pas né pour, mais car.

À croire que nous vivons pour façonner des souvenirs.

C'est d'une cruelle sincérité que j'expose ma croyance que les hommes arrangent tout événement à leur avantage narratif, pour, communément, nier la misérabilité de l'existence humaine.

L'insupportable n'est son contraire qu'en son ennui.

La folie n'imagine pas de grandes choses, mais y croit.

Nous parlons de tout, mais ne comprenons rien.

Quand la beauté se plaint, la laideur travaille.

Je suis un inconscient prétenfieux.

La mathématique attisa sans liaison ma curiosité lorsqu'elle répondit insidieusement, fort de son élytrisme, à des questions responsables de colères célestes. L'irréel l'est.

Scrubuleux badaud

Quelque chose s'est écroulé. La lanterne haut perchée a peut-être négligé quelque chose. Oublié un bateau, une nuit, ou oublié de lanterner. Quelque chose s'est effondré. Les rues sont calmes. La baie vitrée est assiégée d'observateurs assis. Quelques ondes sphériques et rémanentes accordent aux doutes l'occasion de filer. Il n'y a aucun nuage. Le ciel est noir, rien ne brille à l'horizon. C'est la première fois, et c'est au lendemain de ses seize ans. Ses journées fondent sur lui. Son éveil est léthargique. Son corps n'est qu'une machine à capteurs dont il ne ressent aucun traitement d'information. Aucun contrôle de pensée. Il n'en maîtrise aucun flux sinon ceux qui l'en tiennent témoin. Parfois, des élans de vie témoignent de son existence : il lui arrive de pleurer. Il se lève et descend les poubelles pour regretter la montée prochaine. Il n'a plus d'énergie, son corps sonne creux. Tout effort donne au vertige, tout vertige à l'ennui. Il vit allongé, sur un lit. Seule sa famille s'inquiète. Il s'était peu à peu éloigné de toute forme de relation. Il s'est fait piéger par une tempête fade. Les vagues scélérates ont eu raison de son royaume. Son seul plaisir eût été de l'écrire, le dessiner une fois encore. Mais chaque tentative restait tentative, trop hési-temps. Le carnet noir et blanc est ouvert à son bureau. La lampe jaune scrute le papier. Le stylo à feutre noir est débouché. Et rien. Pas un mot, pas une image n'allait de lui à ça. Un jour, face à son malheur, il arracha une page comme on gifle un enfant. Mais il était le sien. C'est un genre de punition dont le regret est aussitôt porté par son donneur. C'était son poème préféré. Le seul qui lui donnait encore à espérer.

Petit chapitre

C'est le matin de la dernière année qui ponctue le secondaire, en section scientifique, et déjà les premiers regards, les premiers rires et souvenirs de vacances résonnant ici et là, entrecoupés de commentaires d'autorités supérieures et de mises en garde douteuses sur l'énergie et la rigueur nécessaires à déployer pour le succès final d'une éducation citoyenne, publique, privilégiée. Son passage à la classe supérieure s'était décroché par des promesses du bout des lèvres, la mise en place de mesures personnelles indispensables à sa réussite. Mais ses croyances profondes lui apparaissent désormais interdites, et la réussite n'est rien. Celle-ci est prônée par la société et ses exigences, ses codes et ses gargouilles qui, de sa détestation ambiante, n'en sont que le matériau. Cet empire faussement réprouvé, dont on ne se libère qu'au prix d'une attention sans faille ou d'une fuite indispensable, vous assaille continuellement de bassesses mirobolantes et vous enjoint à décrocher les récompenses immédiates d'un travail inutile, telles que la congratulation dorée d'une souveraineté hiérarchique aux pieds d'argile. Cette geôlière adjectivante ne l'intéresse pas, le répugne, et ne le complaît qu'aux instants bénis de l'exposition argumentée de ses contrariétés, par la jouissance indicible que lui procure le regard frontal et tristement convaincu d'autrui, s'interdisant d'acquiescer par l'atteinte névralgique de névroses communes, péniblement enfouies par la vie adulte. Ces moments de fractures, où l'âme s'octroie une sortie fugace accueillie par qui la voit, l'extra-sensorialisent. Quelle miraculeuse fragilité, quelle méta-beauté ! Ce spectacle, rare à qui l'attend, nous dépossède religieusement des croyances antérieures que nous pensions immuables ! C'est ici qu'agissent les anges, passants blancs au confluent silencieux, et qu'ils vous soufflent, d'un doux doigt sous le nez, des vérités oubliées. Craquage psychologique, excès authentique ou miracle céleste, peu importe sa dénomination tant que la rencontre a lieu. C'est un flirt saisissant entre ridicule et absolu, un jeu intense qui vous laisse, plus que de raison, des sensations éternelles. La sincérité de ces instants est l'unique trace supérieure de la substance humaine… Ses considérations arrêtées sur l'homme avaient évolué : il y voyait désormais des faiblesses attirantes. Questionnant sans cesse ses prises de position nouvelles contrastant avec des idoles printanières, il évoluait consciencieusement vers une sagesse nouvelle. Car un choc terrible avait ébranlé sa mythologie. Les deux années passées lui laissaient encore un goût amer au fond du foie. Seuls des poèmes d'égrotant perfusé au houblon et des pensées en suspens le réconfortaient du néant intellectuel des premières pages d'une promesse avortée. Car vraiment, ses folies égocentriques n'étaient qu'une farce dont il était le comédien dupé, et, sûr de ses talents originellement investis par une sainteté divine – fat foutriquet ! –, il crut révolutionner en Midas au plumier d'or, le monde et ses secrets ? Sornettes, bêtises, paysan ! L'exercice romanesque fut un échec d'ampleur totale. Il ridiculisait ses prétentions à chaque lourdeur stylistique, et s'empêtrait mollement en amont des profondeurs souhaitées. Cet été mit à mal sa profondeur cultivée, qui n'était que la raison désirée de l'ostracisme dont il se sentait acculé. Alors quoi, se soustraire aux commodités ? Non plus. Cette déception existentielle ne pouvait pas de sa vigueur balayer tant d'années endurées. Au dernier dimanche de l'été, il a cérémonieusement apposé la date du jour, et celle du trente et un août suivant à son carnet. Il ne lui restait qu'une année. Une dernière année pour accomplir cette promesse d'enfant, dont il honorerait l'échec d'un suicide assuré.

Année enchantiée

Sa mauvaiseté n'avait d'égal que sa morosité journalière. Il s'essayait à incarner des personnalités tous azimuts, et supportait les constances hebdomadaires par l'effrayante pluralité de ses masques sociaux. Tantôt arrogant dénonciateur, tantôt taiseux et retiré, il oscillait entre le calme sage et la colère animale, s'efforçant en tentatives sincères et désespérées de toucher par son comportement les secrètes infirmités de l'humanité. Désormais à l'internat pour diverses raisons, distancielles aux yeux de ses parents, relationnelles aux siens, il écrivait frénétiquement à chaque retour au sein de son foyer familial un exposé de ses études sociales. Il n'avait pas d'amis, mais se plaisait aux relations de passages édulcorant ses tendances à demi schizophréniques. Il s'amusait du corps social, comme un enfant découvrant son monde par des expérimentations sporadiques, œil et bouche ouverts, enclin à découvrir du haut de sa tour d'observation les rouages des interactions informelles dont il s'était longtemps tenu éloigné. En anthropologue forcené, ses préoccupations autistiques ne dépassaient jamais son horizon convoité. Car la nuit lui revenait, des voix à peu près endormies, la hauteur tavelée d'un ciel à toucher. En l'état des choses, il ne lui restait plus que deux effrayantes petites centaines de nouveaux jours. La paralysie du premier mot hantait ses yeux clos et punissait ses péchés. Son œuvre littéraire n'avançait pas. Des crises folles remuaient ses repos et exhortaient à ses démons, de la grigne faisandée d'un aller sur la peau, de relayer ses facultés en défaut.

Cauche-marre

Au loin, une ombre noire encapuchonnée penche sa tête friselée de blondeur, tandis qu'approchent, de concert, les huit pattes d'une immense araignée. D'un recul hollywoodien, je tombe bête à la renverse, et m'offre à l'affreuse. Elle se délecte de chacun de ses pas, et comme ils sont nombreux en si peu de distance, son plaisir, je l'assure, est immense ! De la bave coule spermatiquement de sa bouche niaise, et ce flot pulsionnel file affreusement sur ses pédipalpes velus. Je n'ose aucun mouvement, ne regarde rien et vois tout pourtant. Sa chaleur putride agite mes cheveux et je reste médusé, tandis que ses dix yeux me toisent désormais à une longueur de bras. Ses deux extrémités ridicules se rapprochent encore, et c'est avec la lenteur exigée par la scène qu'émerge de l'une d'elles, avec une sanguinolence pétrolière, un stylo plume. D'une infinie délicatesse, elle abaisse sa pointe à mon bras gauche, et le taillade nonchalamment. C'est alors que s'agitent à mes jambes immobiles deux pattes : une substance enlace le bas de mon corps, et me voilà bientôt enveloppé comme un enfant dans son cocon de laine. Ma tête n'admet que le mouvement orbital de mes yeux, tandis que mon piège de toile se rigidifie et accentue son oppression. Tout à coup, la créature entre en branle, et soulève d'une vigueur nouvelle l'avant de son corps. S'envolent les corbeaux, s'illuminent les cieux, et déjà la course finale. Se reflétant à l'éclat de la lune, la pointe de l'arme scintille une dernière fois avant de se planter en mon cœur dans un éclatement de soie.

Il se réveille immédiatement, la main droite sur la poitrine. Les cauchemars sont devenus son lot matinal. Bien que frigorifié par l'humidité de ses draps, il ferme les yeux avec force, et récolte avec soin ses fruits noctambules. Environnement ? Sol mou, et humide… De la boue. Air frais, voûte céleste occultée… Mais aucun nuage… Des arbres… Une forêt ! Néanmoins, la lune… Choc. En écho tambourin au-dessous de sa paume, un cachot intérieur éclata soudain. Comme une horde insectueuse remontant du cœur au cou, des fourmillements immenses saisirent sa trachée et compressèrent ses glandes salivaires avant d'œuvrer leur mutinerie du côté visuel, où ils prirent en otage le cortex dans une déconstruction sensorielle soudaine. Les yeux ouverts, il ne reconnaissait rien, ne se figurait rien d'autre que la brisure spontanée d'un filtre fondamental. Il se leva, désossé et les doigts aux tempes, comme pris d'une tourmente psychopathologique. Ses mouvements anarchiques risquaient ce skydancer aux dangers des coins de bureau, d'une lampe trop basse ou des pièges d'un sol dérangé, qui, finalement, eurent raison de sa transe. Ses pieds glissèrent sur un bonnet sans marque qu'il avait trouvé un soir dans la rue des Capucins. Ses petites fesses au sol, il recula sans prudence jusqu'à buter contre un mur… rassurant. Son recul avait aggloméré un amoncellement d'habits qui exerçait une pression consolante au bas de son dos. « Je peux plus, je peux plus, je peux plus […] ». De longues respirations atténuèrent son délire. Stabilisant sa carcasse par ses mains au sol, il s'en arracha pour se diriger, les yeux grands, vers les escaliers, qu'il descendit marche après marche. C'est un samedi, et ses parents sont partis se promener. Seul face au placard de sucreries, il prit dans la contenance acceptée par ses deux longs bras le plus d'aliments possible. Gâteaux en tous genres, miel ou chocolat passèrent sous la préhension de son œil vif. Il engloutit le tout dans sa chambre, prostré sur un coin de son lit épargné de sueurs nocturnes.

Sa « piaule », par les souvenirs qui lui sont traumatiquement associés, le répugne. Ce week-end-là, il décide de ne rentrer chez lui qu'aux vacances, et fait part à ses parents de sa décision… acceptée.

Il veut oublier son passé, effacer sa personne en marcheur sans ombre, incriminer le monde, et la vie, et les louanges qu'on lui prête. Et si son seul héritage est l'exécution d'un serment daté, qu'il en soit ainsi ! Il embrassera sa finalité, le regard pétri de certitudes, le cerveau de pages vierges. Il est décidé, le ressent : il ne doit plus vivre. Il ne mérite rien, n'espère plus, et souffre constamment. À tous les rendez-vous seuls précédant son sommeil, il s'adonne, d'une rigueur monacale, à l'élaboration d'un plan pré-mortem. Il passe au crible lieu, raisons et bienfaits, inspecte ses besoins et enterre ses prétentions. L'intérêt de sa vie solitaire résidait peut-être à ses yeux dans le résultat asymptotiquement nul de sa redevance sociale. Pour lui, le véritable enjeu était celui de sa famille proche, n'ayant échappé aux sentiments d'amour primitifs pour les premiers maillons causaux de son existence. La rudesse de leur communication a laissé place à une certaine pudibonderie affective. Mais restent en chaque regard un filet de tendresse, en toute inspiration un joli mot abandonné, réprouvé calmement d'un sourire niais et marqué du coin des yeux. Il imaginait, candide, qu'un éloignement progressif atténuerait la douleur associée à sa disparition future. Son adieu s'étalonnerait sur les mois restants. Il en restait comme cinq. Il s'abandonnait lentement à l'emprise entropique du temps, n'apportait aucun ajustement à son hygiène corporelle ou son style vestimentaire. Ce laisser-aller lui valut quelques remontrances et le luxe d'une chambre personnelle à son lycée. C'est une petite pièce isolée, une chambre de bonne, dans une partie plus ancienne du bâtiment. Cet aménagement lui avait été proposé pour cause de plaintes partagées, et le ravissait plutôt. Celui-ci avait la commodité d'entretenir sa profonde décadence psychique, aliment indispensable à la certitude de l'acte final. Et s'il s'autorisait la peur, rater sa vie au point de manquer sa mort lui était proscrit. Comment pourrait-il continuer à errer dans ses jours interdits ? Quand ces questions tournaient en boucle et irritaient son esprit, il avait coutume d'ouvrir son unique fenêtre à barreaux, d'y poser les mains au bord pour, en fermant les yeux, se laisser imaginer un ailleurs. Le bruit d'un proche cours d'eau apaise à coup sûr ses tourments par la constance auditive de son élan. Lui reviennent alors les visions d'une région inconnue. Une médina couleur orange-brûlé surplombe d'immenses roches, sur lesquelles s'abat l'assaut continuel des vagues côtières. Il en ressentirait presque les fines particules d'eau salée, portée par le parfum iodé de l'éclatement d'un océan déchaîné au bas d'un phare. Ce produit onirique, anxiolytique s'il en est, le sédate un instant, et l'émerveille aux instants où il y plonge tout à fait. Alors, c'est un langage nouveau qu'il se plaît à découvrir, où le vent souffle et les rues s'offrent. Mais lui reste toujours à l'ouverture de ses yeux endormis, en imperturbable réminiscence, le clairon d'un air au silence impossible : « On entend dans les bois lointains des hallalis ».

L'essence iel

C'est un samedi matin, au réveil. Dès l'ouverture de sa fenêtre, le soleil pourfend son corps dénudé et indique une heure avancée. Il s'attable à son bureau, et feuillette une revue scientifique du majeur droit. Son ongle est étonnamment long, comme cela lui arrive périodiquement. Il en cultive la douce rondeur par l'usure lente de son frottement à la peau d'un pouce. Leur apparition disparate laisse place à un travail d'affinage d'une semaine à un mois, jusqu'à la brisure finale des sollicitations quotidiennes. Cette tendance, naturellement proscrite par les normes masculinistes de son microcosme social, prit place dans son enfance, et subit une exacerbation quasi symptomatique qu'il rattacha à son expérience nouvelle de la drogue douce. Il se la procurait par l'intermédiaire d'une connaissance de son internat, dans une quantité suffisante à sa consommation désormais quotidienne. À tout soir, il porte à sa bouche cette nuée d'absinthe avant de s'endormir. Par-delà le calme spirituel prodigué par ce calumet psychoactif, l'essence de ce réconfort maladif est le rendez-vous schizophrénique à huis clos, ouvert à sa somnolence pré-léthargique. Ces voix, happées d'un buisson céleste, s'éveillent une à une à la tombée de la nuit pour agiter son brouillard intérieur de phrases décousues, aux derniers instants du jour. Qu'elles l'offensent d'invectives accablantes ! Son cerveau malade en implore les échos ! Sa solistesse habille d'un cornement singulier chacun de ses silences ; des échos gutturaux au soprano articulé d'un derviche tourneur à pois bleus, cette immanence lui insuffle miraculeusement la curiosité du lendemain. Se structurent les mots, se révèlent des phrases et, par inflexions périodiques, se discernent finalement des personnalités redondantes qu'il se plaît à figurer. Son travail d'interprétation, maché par l'auto-audiodescription des plus bavards, n'en burinait que les traits. En un mois, ils étaient devenus sa nouvelle famille, en deux, son tout. Il continua sans difficulté son abstinence tacitement enjointe par les vacances, sans altérer ses relations internes. Manifestement passée en capacité inhérente à son être, il entretenait ses tissus essentiels d'une discrétion féline. Ce plaisir orgiaque écumait de sèves ses entrailles psychiques, et s'animait parfois sans préliminaire aucun : non inquiet d'en perdre insidieusement le contrôle, il satisfaisait son ontologie partagée d'une stylistique nouvelle. Le travail indispensable et habituel du dénombrement des pas à effectuer d'un point à un autre de l'espace, des gorgées consécutives ou de mastication avant avalement lui était nouvellement décompté par l'une de ses « formes conscientes ». Leur indépendance cognitive s'épandait en ramifications caractérielles, et leurs inconvenances émulsionnaient parfois en de violentes cacofolies. Au fond, elles ne s'accordaient poliment qu'au carrefour d'un adage emmuré. « Est venue l'heure d'être grand, ou mort, aux promesses de vie. »

L'art est nié

Premier jour de trois mois. Six pages exhumées passent au crible de ses dix doigts. L'oblongle de son pouce gauche balbutie ses trois semaines, et caresse d'un langoureux érotique un bic embouché. Une plume de corbeau, tombée à ses pieds dans la rue des Capucins, réitéra l'événement par le vent impoliment immiscé dans la lucarne. La main gauche s'en saisit d'un empressement tout à fait incontrôlé. Son sentiment premier conjuguait curiosité, plissement sourcilier, et une contraction du sterno-cléido-mastoïdien gauche pour une extension de son homologue opposé accompagnant le renfoncement boudiné de son menton. Il la porta à sa feuille. Les mouvements de doigts ne semblaient témoigner d'aucune influence intentionnelle. La plume à leur bout irritait le papier à sa déchirure, et continuaient encore, contre le vieux bois du bureau, ses pulsions grandissantes. Le délire s'embrasait, et s'éclatait en fins cristaux le calamus éprouvé, dont la barbe chevelue dansait, dansait, aux sons d'un vieux Noël ! Hourra, tant ses bouts l'appréhendent et font jouer sans manière la baguette et la bande au tambour las de guerres ! Il assied sans façon le bout rond et bien doux au papier encore blanc. Des mots ! des mots ! Il les entend, les inspire et les comprend de l'un aux suivants !

« […] sa croyance aux genoux des rares maîtres […] »
« […] apprendre à se survivre […] »
« […] Sa tête avait en son cœur un désordre. »

La verve sembla se détendre en gribouillis pâteux, pour lentement s'amenuiser, et calmement tomber dans le repos doux. Il laissa glisser sa main, et son corps au lit-mitrophe, un rayon artificiel en unique veilleuse. Déjà endormi, c'est entre vous et moi : il ne saura rien de son sourire en coin.

Dernier pas avant le prochain

Son corps se relève, au matin, amputé d'infirmité. Aucune langueur matinale ne trahit la concentration de ses gestes, portés par l'étonnement de la veille. Il faut s'assurer que cela ait bien eu lieu. Des pages gribouillées lui soulèvent le cœur pour, finalement rapproché, le soulager d'un souffle long. Il ne reconnaît aucunement l'écriture, et déchiffre avec peine les « s » trop longs et les « f » trop… je ne sais quoi. Ne s'ébauche en lui aucune logique organisationnelle : des mots inconnus se courbent sur des feuilles déchirées, tandis que d'autres ont accueilli au sol, en ocelle décalotté et spermicide, le décompte figé de perles mortes, dont la dernière, œil cristallisé, s'est gardée d'échapper à la plume d'un stylo débouché. Ses méninges tétanisent d'un mal de crâne émergent. Des souvenirs flous lui passent en coup de vent. Tout lui semble nouveau, toute relecture lui est une découverte, un pas dans l'ailleurs. « Cela n'atteint pas les cimes de mes prétentions littéraires d'antan. Néanmoins, ce premier jet m'est un prodrome inespéré… La profondeur d'une promesse dont il est prémisse. » Son choix fut de garder en l'état ce croquis hasardeux. Relaxant ses tempes du pouce et du majeur droit, il se leva. Tout signe de contrariété s'évapora dans cet intervalle temporel. Corps léger, teint rubicond, sourire inhibé, pensées distraites… Une satisfaction intraitable enivrait son jour, comme un glacis frais au-dessus du matin, un arôme enchanté… Il ne saurait le définir autrement que par un besoin péniblement répressible de se crier au monde, s'abandonner à des pulsions puériles, ouvrir les portes, en jeter les poignées, crier son amour et ses peines oubliées ! L'agitation motrice de ses mains, croisées, retournées, malaxées ou claquées, contenait son excitation. Il était tôt, l'heure pour lui d'aller au petit déjeuner habituellement interdit par un lever tardif. Je plie mes doigts, les cache aux poches, et clos la porte d'une lenteur forcée. C'est un nouveau jour.

Folie brutale

Ces derniers jours, une fatigue immense entretenait son corps, trouvant sa cause aux amalgames d'écrits dérangés. Là, à sa table, tantôt ramassées, tantôt arrondies, enragées ou prudes, s'amoncellent en papiers blancs et en taches bleues des rédactions inégalement calligraphiées. C'est un dernier souffle du soir à la clarté du matin, un cadeau vénérable qu'il est bon de relire. Les sujets sont nombreux, et en eux s'accolent en rémoras agités l'élégance d'une stylistique inexercée. C'est en graine de shaman, occidentale s'il en est, qu'il se soustrait à ses puissances intraitables, prenant corps et conscience en illusions épiphytiques. Il saisit quelques arrachées du calepin. Peu attiraient réellement son œil, et il s'en convainquit d'un lâcher anarchique. Il glissa presque sur elles en chemin du coin de la pièce où, au pied d'une vieille commode, s'inclinaient à la prosodie orale les mots gribouillés d'un italique empâté. Des invectives ridicules, bêtes et méchantes, incriminaient là sa mère, ici son mari. Comme à sa coutume, il épongeait à chacune de ses relectures les relents émotionnels affiliés à leur création. Une colère calme ponctua le repliement inconsciencieux, sur elle-même, de la feuille emboulée. Tranquillement roulée sous le meuble d'un renfrognement dénié, il sentit à l'articulation chauve de son annulaire droit un mot caché. Il eût pu, du renfoncement de la plume, en brailler le titre. « Romance antique ».

Un mot tout en vaut deux

Je suis damné, et me maudis plus que je n'aime à l'être. Comprenez bien, je ne m'enquerrai d'aucune affaire, n'inquiéterai mon cœur du dernier sursaut androcépharadique, mon âme est en voyage. Me voilà mortellemenvie, flottant en horde égarée aux frontières indicibles. Je dis bon vent au diable d'un sourire farceur. Je vais. Moi, qui n'ai plus de souvenir, et les clamais pourtant ! Et cela n'a plus d'odeur ; les couleurs ont terni d'un soleil encore jaune, la débâcle agite un cours d'eau, et la vie va. Je ne suis amusé d'aucune manière. Je suis un cocon qui déjà sait sa mort, un automate amnésique, un rêve à sa nuit. Un orphelin terrible. Où sont-ils partis, que m'appelle un horizon ! C'est, seul, en proie au pire d'un moi en peine ; non, je n'ai plus d'idée, y pensant bien pourtant. Je vais bas, les rotules à jour, et maudis sans ma portée. Le corps vide, les boyaux affamés et la plume élevée, me reviennent, spectres anciens, les enfants d'un temps, « enfin ! » d'antan… N'étais-je point l'homme fulgurant écumé des récits fiers ? N'avais-je point ces terres, moi, laboureur céleste, spernicieux aux hommes de boue ? J'ai été haï comme un père, coupable du chaos chrétien dont vos jeunes jours – comme ils sont jolis ! – en saluent parfois l'étrenne ! Ah, que mon fleuret vous pointe, et que la pointe y plante ! Fondez à la médiocrité ! Coulez aux autres ! Je chôme ! Moi, qui n'ai plus de cœur, et vous suis mal portant… Là m'arrache au latent un bourdon concertique : j'ai sondé les bévues que l'on croise à mendier, j'ai parlé la langue de barbares infectieux, qui s'abordent un faux bateau, la coque en pâte. Ah, colons vénéneux, hommes ou mots liés ! Je ne crois plus aux pièces, dont le revers tend toute croupe à l'artifice – art Iphis –. Que meurent ces théâtralités embouquinées dont on parle davantage qu'on ne les conte ! Que m'en blâment ces serfs, veaux nus, et par tirades ! Mes larmes ont des révoltes, et ces mauvais doigts ont marchandé la morale. Mauvais, artisans déguisés ! Oh, Dieu peut attendre ! L'homme, lui, est bien mort ! Et ces arts avec ! Que les bons médecins de la pensée maraudent et s'oublient généreusement avant que je ne chasse, rougie de frottements spongieux, leur cervelle ridicule. « Et puis quoi, s'insurger encore ? » Pardonnez-moi. Je fatigue simplement de leurs vagissements opiniâtres. J'ai trop longtemps ronronné, mains à niveau des pattes, tordant une corde empruntée d'un poids creux. De ces rondes, me reste un œil affreux. Grand ouvert, ce Judas implorait la déclinaison de toute identité. « La voix haute, criez le monde ailé ! ». Mais moi, je ne comprenais pas. Les yeux fermés, je flottais au courant. Agitant parfois mes allonges, je témoignais en con-fluent mes remous micro-cycloniques. J'ai, bien qu'en de rares heures, quitté les vents pour des marées salées, tordant toujours ma course à la saumure échouée. Je décorais ce monde artificiel, et le peuplais parfois d'une peinture originelle, sincère ou tendrement pigmentée. L'extravagance déconstruit fatalement. Il nous faut s'éclairer à son usage. Ces doux doigts à mon cœur endetté, c'est tout toi… En ce temps, ses chimères envahissaient mes docks et parfumaient les bars. Je leur étais un bon druide, et déjà la complaisance de mes décoctions mielleuses, ou autres fadaises cataplasmiques, s'ébruitait. Et un soir, les pieds fripés d'eau, je regardais au loin. Aucune vague n'accueillait mes pas. J'ai fait faux bond, et la ville est à feu. Au contre-haut, on consume déjà mon oraison funèbre, on y exhume de vieilles faussetés. Avant qu'un pamphlet ne rôde au mont, je prie du sérieux d'un croyant ces mots simples, nus et agemouillés : « Ceci n'est que romance ».

Titre à trou…vé !

De cette lecture, aucune phrase, aucune tournure ne s'arrachait à lui. Les échos de ses pas lui en soufflaient des mots et ses visions étranges s'altéraient de lourds accès mélancoliques. Cette lettre sonnait comme un adieu, le dernier rire d'un ami cher qui, désespéré, s'ébattait péniblement. Il ressentait des émotions jusqu'alors inconnues durant les spectacles ordinaires, éclosions figées des fleurs d'un jardin voisin, pétales ou feuilles mortes, pensées abstraites, nuages fantasques. Sa psychologie était interrogée d'un œil nouveau, en particulier son rapport conscient à la réalité. N'ayant pas daigné se déplacer à son lycée, c'est sa mère qui lui annonça qu'il n'avait pas obtenu le baccalauréat. L'effet de cet échec social l'affecta plus qu'il ne le présageait. Ses journées s'épongeaient d'une langueur rancunière. Sa frustration ne le ménageait qu'au hasard des griefs qu'elle lui faisait porter au monde, aux gens, ces citoyens heureux pour lesquels il n'avait en partage ni amour ni joie. « Et puis quoi, s'insurger, encore ? ». Non, il n'en a plus l'idée. Quelques jours manquent déjà aux deux mois restants. Cinquante-sept pages le délient à la mort. L'énergie manque, le monde se tait. Voilà des résultats factuels…

Me voilà face au rien, au rien de plus que les reproches familiaux tus d'expédition extérieure. J'attends de la vie, fort d'oisiveté, qu'elle se démode franchement en de singulières structures rythmiques, m'endormant attristé des plus jeunes heures aux midis, dans l'espoir du grand toc. Aux instants calmes qui bout à bout tressent les heures, j'en viens à méditer, et prie d'un nouveau système métrique apte à l'étude. Mon travail est laborieusement laborieux. Je me suis fait la proie des bêtes effrayées d'un feu nouveau. Tout cela m'a fui, sans doute au carrefour de la rue des Capucins qui doit encore, s'il n'est trop tard, renfermer mes illusions consolatrices. Ces mythes promettaient une vision réglée à l'exercice de sa foi… Ah, je l'attendais, ma bonne heure ! Mes ailes si nées calent mon dos au lit carré, culpabilisant les élans volatiles d'un trop haut, maintenant bons à végéter l'amer. Est-ce prétention d'en vouloir au retard de la mort, faute de n'écrire parfaitement, et en quantité ? Je dis que ma justice pèse tout mot et commet des fautes, voilà la tare définie. Au fond, seules mes drôleries s'égouttent à leur compte ; j'ai enseigné, et lors de ces congrès endimanchés, j'intervertissais là les traits interrogatifs avec des inflexions assurées. J'aime encore à former ces espaces clos dans lesquels on s'engouffre, priant à sa créance la morale juste du créateur : toujours, j'essaie de n'accorder que « ce cou rougi ci ». Ils sont amuse-bouches littéraires, un bon sucre à donner au lecteur. Ma rectitude est-elle en défaut ? Je la louerai bientôt. Ah, j'ai retrouvé du cœur ! Que l'on m'affecte, que l'on m'infecte, je me dérobe à l'un et m'allaite ainsi de l'autre. Le souhait de tous mes soirs : que cet échafaudage tienne au moins jusqu'au matin. Je m'arrangerai ensuite, et coulerai d'un nouveau labeur la cime enneigée, sur les fondements désertiques. Au bas de la nuit, les derniers rayons de la lune se dérobent à la fresque du jour : je ne saurai rien de la fraîcheur de l'aube.

Équilibre

Nous ne sommes jamais aussi durs qu'avec nos enfants, je l'ai appris hier. Quoiqu'hésitant, le livre prend haleine, périodiquement institué d'un des ordres supérieurs. À mes poches, se gardent les roches pyroxénètes des hauteurs inusitées, qui jamais plus ne m'ont quitté. Le ciel, au soleil haut perché, m'a prêté un nouvel air. Moi, habituellement si gauche aux phénoménologies émotionnelles, si profane aux éclaircies, je me disais précisément libéré. Je partitionnais métronomiquement mes vieux tics toqués ; ils ont bon dos ! Choyant mon corps bileux d'un couvert à soie, je pouvais atteler tout influx neuronal à sa tâche, et, comme cela me plaisait, j'invitais tout appétit au suivant. L'exercice onirique, d'un singulier contrôle, avait ce joyeux rôle de mât dopaminique. La fatigue œuvrant à la précision des imageries mentales, j'animais habituellement au soir mes machineries silencieuses, pour façonner à mon esprit l'idée de ses convenances. Le paysage ayant droits et autorités, toute expression graphique n'opérait aucun manquement à ses contraintes climatico-géodésiques. J'arrangeais mes trocs, truandais mes choses. Cet élan allant bon train, il m'inclina dernièrement d'y fonder un second domicile. Ceci est dans ma tête, que je ne m'y perde ! Fermez les yeux, que je vous présente ! Ici, trois marches nous séparent de l'entrée que l'on pousse toujours, question pratique. La porte est lourde, bois extérieur, acier intérieur. Son renforcement est résolument le seul accent moderne de ces lieux. Il faut aussitôt la fermer derrière nous pour limiter l'intrusion d'un air iodé, chargé des fines particules de la mer éclatée. Se mêle à la douceur du silence un sentiment immédiat de plénitude, qu'un homme peut ressentir au dernier claquement de porte, dans la chaleur familiale de son foyer, le travail hiémal fraîchement accompli, accueillant d'un cocktail hormonal la récompense d'une couverture au coin d'un feu, et le réconfort de son crépitement inexact. C'est une image bouffonne, résolument niaise, mais nous le ressentons, n'est-ce pas ? Au mur blanc s'ennuie un porte-manteau noir aux pathères volutées, et à son extrémité se cache le renfoncement d'un placard emmuré, où siège un bric-à-brac infini ; marteaux, chapeaux, boîtes en tous genres, vieux vêtements ou chaussures désireuses de cirage. À droite, un petit couloir s'ouvre à la pièce principale, rougie des projections iridescentes d'un soleil couchant. Il faut dire que la façade principale est une immense baie vitrée offrant à nos yeux un océan sans frontières. Ici, trois mètres séparent le plafond du sol, et presque vingt et un pieds hors mezzanine. La finalité des vagues éclate parfois à cette hauteur, éclaboussant les vitres avec la force des crises de galerne. Le parquet bruni d'ancienneté donne raison à ses grincements. Dix âmes rôdent en ces lieux, et l'on entend souvent des pas danser au-dessus. Ces quinze marches, du bois brut de la forêt voisine, mènent à ce ballet solitaire, amoureusement surplombé d'une unique fenêtre à barreau. À ses côtés dort un piano à queue dont la dorure de ses pieds reflète de lointains rayons. Bien des meubles restent à installer, le tout est encore vide. Mais l'essentiel y est. Retournons au bas, où s'appuie au ventre de l'escalier une table ; à dire vrai, c'est plutôt un plateau replié. La paroi supportant sa fixation trahit dans ses bonnes largeurs la rectangularité d'un double fond. Ma confidence ne s'étendra cependant pas aux singularités de son ouverture. S'y renferment de nombreux ouvrages, tendrement bercés par l'artisanat d'une bibliothèque sur mesure, tandis qu'adossé à la cloison du séjour sommeille un bureau à la lumière éveillée. Mes derniers travaux le couvrent de désordre, lui qui est si bon, et dont la sérénité s'évapore des rainures ancestrales. Une cuisine inutile, sale et baignée de remugle, s'enfonce sinistrement du côté de la rue. Les éclairages y sont à nus, le carrelage est noirci à ses joints, et pour ne rien arranger à l'affaire, des cafards infestent four, éviers, frigidaires et autres joyeusetés électroménagères de leurs allées et venues. Fermons cette cuve à frissons. Nous avons à notre droite, reprenant le prolongement du premier couloir, une porte aux interstices de laquelle vous glace un air humide et pénétrant. En face, un immense gymnase perclus de portes sombres tire à lui la couverture d'un autre spectacle surprenant, qui vous invite à ses hauteurs d'un sifflement frais. De lourdes pattes colimaçonnent à vos pas, hypnotisent insidieusement votre conscience pour mortellement escamoter votre masse inerte aux hauteurs d'un phare. Il est beau ce phare, et vos souvenirs sont déjà flous ! Il éclaire tout degré d'horizons, des océans au mont, tant que son garde-fou en protège les intérêts. Comme j'aimerais planter cette bête immonde, la dépecer, l'écarteler même, et donner à la mer son festin de cendres. Il n'est pas chose aisée de la savoir ici, toujours aussi vivante et en proie à la chasse. À mon autorité, cette gargouille infâme s'est affranchie de redevances, et a fait sien l'écho de mon cœur engoulé. Quelle mauvaise, pour quel maître odieux œuvre-t-elle donc ? Elle s'impose un jour à mes yeux, et prend pour argent comptant la générosité d'un accueil. S'ensuivent à la pelle ses impolitesses adolescentes que j'ai laissées couler, faute de mieux. C'est sur ma chaise à bascule où s'abattait le temps qu'elle pressait mon regard au néant, arrangeant à sa guise le cliquetis bas d'un pendule usé. La médisance que je lui porte a cela pour limite, car, quoi qu'il m'en coûte à l'écrire, elle berçait mes élans et m'était une bonne mère. Elle acculait un sale bazar aux coins les plus offrants, ne s'encombrant d'aucun ménage ou artifices bons au confort et ainsi, promenait son corps et mes peines au train-train du dehors. Maintenant, le phare m'est condamné, et me voilà errant un voile aux yeux. Ai-je déjà seulement, au monde, ouvert mes sens ? Car je me décompose d'une cruelle extase… Que se meurent les fantaisies dionysiaques du baroque moderne, car cela vit tout péché. Maintenant, ma lumière peint ses natures mortes, et n'a d'autre appétence, sinon la torture anoblie de son expression. Et où vas-tu sans repères ? Je vais au brouillard, il est vrai, mais je reviens aux premiers défrichements de mon ballais tarentulaire, et quelles bizarreries ! Quelles peines de lectures ! Ai-je pourtant seulement, aux pages, corrigé les formes ? Macache ! Je ne les comprenais déjà plus ! Ces mots m'étaient anciens, lourds et scrofuleux, donc inopérables. Et bien qu'un cœur me susurre un crime au crâne, que des doutes ont déjà condamné mes nuits, ma raison emploie la sienne à ignifuger la potentialité même d'un mauvais consentement. Voilà ma terreur, me suis-je donc égaré ? Aurais-je gravé l'interdit ? Pourquoi diable dansais-je la tête pleine, désormais inarticuleusement désossé, assis au bord d'un haut paysage dont je reste aveugle aux beautés ? Car tout bien pesé, mon temps est un peu court. Mes soucis attractifs ont tari d'ordres. Je cède cette paperasse, elle est finie, figée aux lecteurs. Me reste maintenant un présent ardemment limité, qui ne doit s'emplir d'aucune triche, d'aucun jeu déloyal, et s'il m'en cuisait alors, je planterais mon corps la chose accomplie. Je ne comblerai rien, ne m'encombrerai plus, et tout ira, ou s'en ira, comme un dieu le voulut.

Rééquilibre

Je vous emmerde.

Nom d'un chat-pitre !

Merci !

Feuille d'Alain : bout de science-con

L'âme est à bannir, cela m'est clair. Avez-vous déjà compté jusqu'à dix sans même vous répéter ces chiffres dans la tête ? Nos capacités abstractives sont limitées, et quand bien même votre adaptation vous enjoindrait-elle à compter visuellement, par la succession floue de graphies indo-arabes, l'exercice demeure, sinon impossible, d'une complexité insoupçonnée. Le langage joue donc un rôle essentiel dans nos entreprises conceptuelles, et comme nous pouvons le comprendre expérimentalement, les bases fondamentales de nos réflexions (comme ici les chiffres pour l'arithmétique) se trouvent rapidement mises en défaut sans son autorité. Par ailleurs et à un degré moindre, le sens relationnel, qui est une forme de langage primitif, trouve aussi son intérêt profond dans notre expérience consciente du monde. J'en parle ici dans son entente prélinguistique, en tant que prémices comportementales des relations que l'on éprouve tous les jours, largement basées sur la langue parlée ou écrite. Les exemples sont au nombre de nos interactions, dont j'exhiberais arbitrairement la suivante : je croise un inconnu, nous procédons à un échange cordial durant lequel je m'astreins à la meilleure des courtoisies, et je décèle par son comportement ou bien par la confusion de ses paroles une attitude fuyante. J'en conclus des affirmations potentiellement pressenties concernant mes difficultés communicatives, un manque d'aisance orale, des gestes imprécis, regards trop appuyés ou calculés, indisposant mon interlocuteur. Ou bien que cette réaction témoigne d'un couac physique, odorant, phéromonal… Le fait est qu'il s'agit du retour à soi d'une information qui nous est propre. Ainsi, la complexité argumentative ou réflexive se décontracte dans le langage, ce socle intellectuel indispensable à l'essor de notre civilisation moderne.

La singularité profonde – ce que l'on nomme conscience – de l'homme demeure en son intelligence, symbiotiquement liée à sa création communicative. En fait, je ne prétends que cela. Si sa place est d'un ordre supérieur, ce n'est qu'aux yeux de théories biologiques à l'échelle de l'univers… Ou dans ses mythes. Mais certainement pas dans sa conscience que l'on pense si singulière. S'il s'agit de vingt et un grammes, c'est que nous les décomptons du dernier adieu carboné de nos tissus relâchés. Car la conscience n'est qu'une conséquence de nos dispositions biologiques, accrue par leurs développements naturels ou forcés. Naturel dans une acception scientifique, par la théorie de l'évolution pour le long terme, par les facteurs génétiques et environnementaux pour le court terme. Forcés, dans une acception philosophique, c'est-à-dire par le travail de sa pensée dans le cadre du raisonnement introspectif ou argumentatif. La conscience n'apparaît pas, elle se lie. Instinctivement, elle est la raison brumeuse de la réflexivité de nos pensées, et permet donc de nous définir en tant qu'entité unique. Nous la pressentons comme un phénomène divin d'un côté, tout en la rattachant à la faculté de la connaissance de soi d'un autre. Ce que nous lui prêtons, faculté ou phénomène, est le même revers de la médaille intellectuelle. Tout d'abord, l'impossibilité – en termes de ressources énergétiques et intellectuelles – du dénombrement des paramètres initiaux et des chemins de vies confine à l'originalité de nos personnes. Cette différenciation des individus induit de facto la complexité de notre propre discernement, domptable par la langue et l'accrétion progressive de sa précision lexicale. Car dès lors, nous pouvons nous définir par nos attributs physiques ou intérieurs : c'est l'ancrage, ingrédient indispensable au phénomène. Comment les honnêtes citoyens de ce monde témoignent-ils de leur personne ? Nom, prénom, âge, profession… Et si l'on s'intéresse davantage à eux ? Leur famille créée ou imposée, leurs relations amicales, leurs passe-temps favoris, les événements qui ont marqué leur psychologie, leur « philosophie personnelle »... Ainsi, cela les caractérise, et à leurs propres yeux ; à un instant donné. Prenons le problème à rebours : retirons la mort d'un proche, avortons ces mariages, et accélérons ! La première promotion professionnelle est déjà loin, vous touchez enfin de vos lèvres celles qui vous ont éprouvées, vous perdez vos boutons et retrouvez une voix claire. Arrêtons-nous un peu ici. Vous avez toujours cette particularité qui institue à votre pensée un corps unique. Votre appréhension de l'écoulement du temps est peut-être quelque peu différente, vos centres d'intérêt ont possiblement changé, vous possédez des souvenirs perdus. Aucune différence fondamentale n'est palpable dans ce que l'on conceptualise de la conscience, mais demeure tout de même une restriction de la connaissance de soi. Le manque d'expérience vous interdit de projeter un quelconque comportement physique ou psychologique face à une situation donnée, vous ne comprenez pas la majorité de vos accès impulsifs : il manque des années d'introspection a posteriori, long processus de vie qui ne s'arrête qu'en cours de route. La réduction de l'ensemble des données que vous possédez sur vous-même limite ainsi l'ancrage. Retournons encore un peu en arrière. Les mois qui suivent la naissance ne laissent place à aucune sorte de conscience, pensons-nous. Nous n'en avons aucun souvenir, et les rares exceptions ne témoignent de conscience que par appropriation rétrospective, car celles-ci ont enregistré ces informations et ont la capacité de les visualiser à nouveau en tant qu'individu formé. En réalité, cette vision trouve ses limites par le problème propre à la difficulté subjective de la définition. En biologie, l'établi rencontre souvent ses exceptions et les nuances sont nombreuses : ce que l'on tient pour vrai ne l'est qu'en regard de la définition que l'on en donne, et non d'une propriété fondamentale des processus du vivant, comme nous pourrions en trouver dans la Mathématique ou la Physique. En effet, le contraste entre ce que l'on définit comme étant la conscience à l'âge adulte et son absence même à seulement quelques mois de l'existence d'un individu laisse songeur quant à l'apparition de ce phénomène si caractéristique des Hommes. Le schéma m'est le suivant. Que cela commence durant la période de gestation ou après la naissance, peu importe. Le bébé, par les influx nerveux que son corps lui rend disponibles, cherche constamment de nouveaux états d'équilibre, c'est un corps physique ! Des gênes ou des douleurs primitives, telles que la faim, la soif ou la difficulté des premières respirations, poussent ce jeune organisme à agiter chacune de ses fonctions ; balancement de bras, de jambes, cris, pleurs… Il n'y a toujours pas lieu de parler de conscience au sens où on l'entend, car ces ressentis initiaux sont naturellement envisagés comme néfastes par les régions cérébrales activées ; ils sont hérités du lègue génétique des générations précédentes et des liens neuronaux longuement instaurés par l'évolution biologique entre la psychologie et les réactions électrochimiques des différentes régions cérébrales de l'individu formé, et renforcés par le comportement immédiat de l'environnement social. Les premiers jours sont anarchiques, puis les premières habitudes prennent place. La chaleur d'un sein récompense des efforts primitifs et, chemin faisant, se développent différentes aires cérébrales, et avec, la mémoire ou la précision de certains mouvements. Des liens intellectuels instaurent des innovations comportementales : pleurer amène inexorablement au réconfort matériel ou psychologique, babiller procure la joie de celle de ses parents et pousse donc à l'amélioration de l'articulation et du vocabulaire, et avance ainsi, par les liens simples entre actions et récompense, le développement comportemental du bébé. La quantité d'informations brassées est phénoménale, elle s'encode dans la mémoire et des schémas neuronaux s'établissent, allégeant sa cognition et évitant des surcharges mentales intempestives.

L'évolution neuronale d'un individu est plutôt envisageable sur le plan conceptuel, mais la question de la conscience interroge par le caractère unique de la personnalité affiliée à un corps. Ce problème relève de la tradition spirituelle de notre civilisation. Repenser cela nécessite une ou plusieurs déconstructions préalables, à sentir ou comprendre. Je propose un petit exercice. Plaçons-nous dans un repère commun, et nommons « âme » la substance spirituelle responsable de l'attachement de notre conscience au corps durant la vie. Supposons que les hommes, autres que nous, ont aussi une conscience, et donc une âme directrice. De plus, considérons que les âmes interchangent leur enveloppe charnelle périodiquement, disons tous les ans. La veille, nous étions un homme d'une quarantaine d'années, et nous nous réveillons de la nuit dans la peau d'une jeune femme de vingt ans. Ne nous reste, tout comme l'idée d'âme l'admet, aucun souvenir de notre vie d'avant. Nous possédons l'ensemble des facultés inhérentes au corps dont nous sommes le nouveau chef, sa mémoire ainsi que ses habitudes. Nous procédons simplement à la continuité d'un être différent. Le monde s'en trouverait-il chamboulé ? Pourrions-nous remarquer une telle gymnastique spirituelle ? Dans la mesure où une conceptualisation de la vie telle que celle-ci ne peut être mise en défaut, la prôner pourrait se trouver être de bon ton, au même titre que celles, plus communes, que l'on retrouve dans les religions ou les courants de pensée encore en vigueur aujourd'hui. Les intérêts d'une telle complexification sont multiples, mais je garderais surtout sa capacité d'extraction d'une zone de confort paradigmatique, possible par l'imagination de nouveaux scénarios plus délirants encore, et n'entachant pas leur caractère improuvable. Il s'ensuit, par la trituration indispensable de telles idées par un possible lecteur, une déconstruction progressive des idéaux spirituels largement mis en avant dans nos sociétés. L'âme semble y perdre un sens fondamental, elle n'y est qu'une substance spongieuse prise dans la toile de nouvelles aventures pour lesquelles elle n'a aucun droit de regard préalable. L'identité d'un corps à sa conscience ne s'encombre de rien d'autre qu'un cerveau fort de ses capacités, la question d'âme n'est que prétexte. Aussi, n'avez-vous jamais vécu l'expérience dépersonnalisante d'une tristesse profonde, où toute lubie intellectuelle est à quelques pas sous terre, et durant laquelle un monde passe sous nos yeux ensommeillés ? Car la conscience peut tout aussi bien se délier.

J'ai écoulé des jours, bête comme pie. J'éprouvais avec peine toute extravagance humaine, et comparais franchement mon expérience sensible du monde à celle d'un animal. S'il m'était possible de dresser un rapport immédiat de cette expérience, je n'aurais qu'aligné les mots d'une conclusion brève, témoignant d'une altération de ma conscience. Cela est un lot commun pour bien des Hommes, et la vieillesse en offre souvent la pratique, au point de ne pas se la figurer soi-même. La sénilité détériore le rapport à soi, et tient sa cause même de la déchéance progressive des capacités cérébrales.

Parenthèse déconstructive fermée, la conscience est donc intimement liée à notre bagage neuronal et la façon dont nous l'utilisons. Le retour à soi des informations acquises par nos différents capteurs est, dans une large mesure, commun aux êtres vivants. Seul le traitement qu'il subit l'habille d'une certaine grandeur. Nos facultés si particulières prennent fondement dans notre évolution phylogénétique, ainsi que dans le confort de notre rythme de vie : sommeil, accès à l'eau et à la nourriture pour les pays les plus développés… Dans la qualité et le bon usage des ressources sus-citées, le développement cognitif s'en trouve largement favorisé. Sur le temps utilisé pour la chasse et l'anxiété d'en revenir bredouille s'axent désormais des recherches plus profondes concernant nos sensations physiques ou nos affects. Ces nouveaux canaux de réflexion mènent donc à un meilleur ancrage, des généralisations, des théories, et leurs perfectionnements constants. La réflexivité de la pensée est moins une qualité propre aux Hommes qu'un luxe intellectuel. En termes de conscience, nous ne sommes qu'un prolongement des animaux. Leurs possibilités d'ancrage sont très limitées, mais existantes. Un chien s'observe pour la première fois dans un miroir, et il veut jouer avec son image. Plus tard, il comprend de ce phénomène récurrent qu'il s'observe, et ne s'en étonne plus. C'est un phénomène d'ancrage primitif, que l'on peut sublimer par l'attribution d'un nom ou d'ordres spécifiques qui complètent l'identité qu'il est à même de se figurer. L'absence d'outil communicatif complet nous empêche de connaître le véritable potentiel de conceptualisation des animaux, non pas par la difficulté expérimentale de la pseudo-démonstration de leurs capacités conscientes, mais par la limitation propre de son enrichissement induit par leur langage trop primaire. Le point essentiel en est que nos facultés induisent et aiguisent le phénomène : nous ne sommes qu'un corps. Nous sommes nos cellules et le résultat de leurs conjugaisons. En d'autres mots, notre conscience n'est pas là pour, mais car.

Relecture

C'est au soir du vingt-huit juillet que j'ai lu cet essai. Des notes annexes jonchaient aux coins du papier déjà jauni, référents à d'autres. L'écriture diagonale, empruntée de nombreuses ratures, projette à mon cœur une urgence vitale, un dernier empressement fort de saccades, précédant la grande fuite. Des bouts de phrases s'entourent et s'accordent à d'autres par de longues flèches traversant mots et feuilles. Je ne crois pas avoir réellement saisi l'essence de ces quelques lignes paraphées d'un nom bisyllabique, et seuls m'en restent les souvenirs de faibles impulsions compréhensives. Il faut dire que je n'ai jamais fait preuve de saisie fine et englobante des choses, mon esprit est funambule. Mais après réflexion, je crois me foutre assez des vérités sous-jacentes à ce ramassé calligraphique. L'intérêt profond que j'en retire demeure en son chemin désormais balisé. Cette escapade m'est une réjouissance certaine, un plaisir passé qui accompagne mes jours, d'habitudes harassées des pensées qui s'y glissent sans porter à leur développement.

L'arbre qui croît s'épanouit
L'homme qui croit s'oublie
La vie est une grande famille.

Conclusion rétrospective : des choses s'inutilisent.

Les délices de la nature s'offrent en précisions saisissantes. Nous lui attribuons parfois des réponses qu'elle n'a pas trouvé à offrir. C'est fort de son matériau, que l'on s'en accommode.

Je n'ai jamais vu d'oiseaux arrêt un rater.

Dire ce que l'on souhaite faire comprendre est souvent mauvais chemin.

La mère, de son amour protecteur, apeur.

S'il est une pensée à laquelle je me courbe volontiers, elle est Vespasienne. Tout comme nous devons de nos déjections les plus vilaines éprouver une humilité nouvelle, les plus grandes bassesses de nos esprits peuvent aussi, sous ses lumières, y trouver une santé nouvelle. Un soir dernier, leurs moustaches m'ont tendu le bout du nez.

La beauté nous parle sans langage.

Je veux réussir au plus haut degré de mes prétentions, et phatalliquement vivre la jouissance déceptive du pas assez… Ridicule. Ou se ruer vers le diamant, et n'y trouver qu'un or pur…

L'amour… Nous n'aimons jamais assez pour accepter que l'objet de son emprise ne se figure un ailleurs… meilleur.

La solitude a ses problèmes : les mauvaises choses n'arrivent qu'à nous.

L'aphorisme est par essence soumis à sa dépossession.

La société se soumet aussi aux principes physiques. Les Hommes réfractaires à ses lois, par actes ou conscience, se diluent dans le nombre. Encore faut-il ne pas laver une tache de sang avec des champs de boue.

Peu importe son degré d'action : l'homme qui milite est essentiel à son monde, mais se perd irrémédiablement.

J'ai conclu la maxime suivante des rares Hommes que j'estimais ainsi : rester ou s'abstenir, voilà le véritable labeur de l'artiste.

Tout a le sens qu'on lui donne.

Les Hommes modernes sont de fameux – fumeux ? – comédiens : nous avons fait de la société un poison comportemental.

Le malheur brise le temps jusqu'à lui conjuguer folie. C'est elle, qui peut aller à la déconstruction même de l'espace.

L'éventail spectral des ondes les plus puissantes ? L'audible, à qui peut l'entendre.

S'il n'est aucun moment parfaitement propice à l'exécution de ses desseins profonds, il en est de meilleurs que d'autres.

Toute page écrite m'est un nouveau jour.

L'usage du jargon est un premier pas dans la perdition de sa propre identité, au profit de l'appropriation d'une autre, commune.
Ce rassemblement dissociatif n'est qu'un moyen détourné, factice et sclérosant, de trouver un sens à la ternité de son existence.

Il n'est jamais bon de forcer les mécanismes à leurs inaptitudes ; on les casse ou les déguise. Je veux dire à tout homme qu'il faut se roder.

Il faut être fin commerçant ou fou pour consacrer sa vie à un travail.

Combien de choses se veulent écrites sans que je n'y trouve la place de les graver.

Il faut se méfier de toute habitude.

La subjectivité a cela de supérieur à son contraire qu'on se permet de l'assumer sans trembler. Ainsi, la logique profonde peut sembler bien fade et fort nigaude pour qui ne l'inspecte pas d'un pouce, d'une vie.

Ne jamais être sage pour en devenir un : je garde cela dans un coin.

Si ma vie ne vous plaît pas, je promets qu'au moins, elle est courte. Une centaine de pages, tout au plus.

Mes murmures me sont un graphite oral.

L'intelligence n'occulte aucune bêtise, mais y pose sa lumière pour y remédier.

Écrire c'est ne pas s'oublier.

Derrière tout étonnement se trouve une découverte. Parfois, elle n'est tout simplement pas celle que nous cherchions, et nous la laissons pour compte.

Le re-cueille porte bien son nom. L'or œillé.

Le bon prix d'un art en est tout un ! Pour qui en fait un objet marchand, il doit être la mesure exacte de l'exigence éclosive du prochain. Si son créateur est mort, il est du ressort des économistes de théoriser sa marchandisation : je ne parle pas de recette, mais de bonne nourriture à donner au corps et au cerveau.

Par ses colères et ses larmes, un enfant ne demande qu'une chose : « expliquez-moi ». Puis il grandit, et tant qu'il vieillit. L'adolescence est derrière, il a perdu le fil de ses rouages. Les mêmes mots font encore trembler sa gorge, mais d'un sens nouveau : « expliquez-moi ».

Et chaque année au trente et un, un tocsin retentira. Nous fêterons la renaissance d'une gestation mortelle, si l'ange paît encore. À l'an prochain ?

Dernier pas avant le prochain

Je crois que les derniers mots sont inscrits. Nous sommes le trente et un août, au soir, seules quelques minutes me séparent de mes jours prochains. J'ai péniblement réussi à me survivre. Une profonde fatigue anoblit mon corps souffrant de douleurs tôt vieillies. Mon dos raidit, mon cou grince, et mes yeux sont fadés d'un labeur clos. Le dernier point est exclamatif, je l'ai sué d'une impossibilité supplémentaire. En l'instant, une lueur inconnue se dresse à mon esprit. Libération, honneur, joie ? Que peut s'élever en mon âme ? Satisfaction… Oh, la drôlesse !

Inspiration du soir

M'onde

La vie est une bataille de regards. Si la mort vous dévisage, libre à vous de plonger en elle ou de côté. Quand ses yeux malades en aveuglent d'autres, il est bon de lui faire du pied. Mais qu'en est-il si son désir apparent est de danser avec vous ? Il faut apprendre ses pas, s'approprier ses habitudes, danser avec elle. C'est la façon dont il se voyait jusqu'alors. Mais la mort et ses idées ont regardé trop fixement en son être. Sa cour intérieure a chaviré.

Il est en terminale, et éclate chez son psychiatre toutes les deux semaines. Sous antidépresseurs depuis novembre, sous anxiolytiques depuis décembre. Il se sent comme un zombie éreinté. Paradoxalement, il n'a jamais été aussi agréable aux autres. Courtois, poli et plein de discussion. Pourtant, il mourait d'ennui. Nouvellement, il avait changé ses considérations sur l'école et ses principes. Il travaillait comme sa santé le lui permettait. Devenu fort studieux, mais pourtant si « ni bon ni mauvais », il s'insérait timidement dans la moyenne de sa classe. Il se respirait commun, simple, dépourvu de toute singularité. Il n'était plus rien, ne se sentait rien, mais affichait pourtant un sourire cordial à qui voulait le recevoir. Ses relations familiales étaient détendues. Sa vie était, d'apparence, apaisée. Oh, comme le vide emplissait sa vie. Ici, le marteau est tombé, déjà fane sa ville : les murs s'effritent et la vie avec. Parfois encore, quelques voix lui remontent à l'arrivée de la nuit. Mais il n'en a cure. Il les connaît, les entend, et renonce à les comprendre. Le cerveau malade nargue sournoisement du manquement utile de sa raison. Mais toute lumière se crée des ombres, ne serait-ce qu'en son derrière. C'est d'ailleurs ici que l'existence œuvre à sa beauté : elle peut y trouver quelques blandices.

Corlaid

C'est le dernier trente et un de son année. Ce soir est enveloppé de la fraîcheur du jour, tandis qu'il s'auréole d'étoiles nouvelles, au gré des vents et des nuages. Le petit parc de son enfance accueille ses pas neigeux. Un sentiment vespéral ose perturber la tranquillité des lieux, accompagné des douleurs hurlées d'un quelconque hibou chanteur. Aux branches pendues qui se tordent en hauteurs, quelques feuilles s'accrochent encore en vers et contre souffles, tristement balancées. Les eaux pleureuses s'égouttent en flocs aux niveaux caillouteux. Son regard s'appuya sur la descente cinématographée d'une plume de corbeau qui s'échouait à ses pieds. Il la saisit tout en l'inspectant, puis la lança d'une vigueur enfantine n'offensant point son trajet. Elle retomba ainsi vite au bas de son corps, butant à ses chevilles d'un simple aller. Son humeur instable lui mijota une colère soudaine qui lui fit réitérer le geste, pour un résultat similaire. Un empressement criminel l'enjoint à briser cette étoffe ridicule. Nerveux, il se pencha donc, mais à son toucher, un raclement guttural esquinta soudainement ses ambitions premières. Bête, son ire emphasée s'ébroua instamment au rehaussement de sa tête. Une forme molle et pyramidale, posée au banc, semblait se distinguer à la provenance du bruit. Le questionnement oral d'une présence possible eut pour toute réponse un faible râle. S'approchant, non sans calme, il prit l'initiative des premières paroles. C'est une vieille femme, d'une petitesse sans pareil : elle paraît être une jeune fille, sa tête est minuscule et son corps, affaissé. Son habillage ample est empli de dessins d'enfants, que la lune offre en nuances fuligineuses. Ce ne sont pas des vêtements, au mieux des tissus filandreux couvrant en détours improbables les courbes d'un corps. Sa détente inarticulée lui donne une attitude hideuse au regard : elle apparaît dépourvue de toute structure osseuse autre que sa colonne vertébrale, paresseusement repliée à l'avant. Ses jambes se rangent confusément au bas ventre, dans la position d'un lotus fané que seules ses inaptitudes physiques lui permettent de singulièrement effectuer. Sa voix nasillarde étonne de clarté, malgré son débit faible à l'embouchure de ses lèvres, insondées, car abaissées. Enfin, ses cheveux cascadent mollement à sa carcasse en filons graisseux, noirs et clairsemés. Malgré le tableau dépeint sans folie, quelque chose, chez elle, l'attirait maladivement. Était-ce son odeur étrangement boisée ou les paroles pures d'un âge tendre, qui accueillaient si joliment son attention ? Peu lui importait, et sa parole lui est d'or. Elle avait cette façon touchante de raconter ses tristesses d'une voix qui sourit. S'attachant en longs monologues à expliciter les détails d'un souvenir passé, elle poussait à l'extrême les facultés empathiques de son auditeur. D'un envoûtement divin, succédait aux lourdes paupières de ce dernier le déclin progressif de ses clignements d'yeux, qui lentement cédaient à leur clôture. Ses expressions lui étaient propres et chacune de ses phrases, ornées de volutes oubliées, sonnaient en lui comme un vers ancien que l'on aime à oraliser. Elle résonnait en son cœur, et lui restait là, béat, comme un bébé sourd écoutant la voix de sa maman pour la première fois. C'est à son œil une poétesse des instants communs qui tronque, à tout absurde et pour d'autres, ses louanges alliciantes. Il faut dire qu'elle touche au tragique à la douceur de ses mots, comme pour tenir encore, chaudes et à son cou, des mains qui se dérobent au front d'un champ de ruines. Les illunant au monde, un dernier rayon perce encore un ciel pour éclairer ces deux êtres. D'un au revoir affectif monte une brise chaude. La plume, qui avait tout vu de la scène, s'envola.

Spectatort

Ses semaines restaient les mêmes, et ne se distinguaient seulement l'une de l'autre par la périodicité de ses rendez-vous médicaux. Ces jours-là, il devait en partie les subir aux côtés de sa mère, contrainte de l'amener au cabinet de son thérapeute, à quelques villages de là. Les séances lui étaient une véritable torture, et le cumul avec les interrogatoires de la voiture n'arrangeait rien à la chose. S'il éprouvait une difficulté profonde, elle était bien en expression orale de ses peines, ce flux de souffrances internes laborieusement contenues par quelques barrages invisibles, eux-mêmes indicibles. S'ouvrir, c'est perdre l'exclusivité d'un bout de soi, et s'il est une chose qu'il voulait se garder, c'est lui-même. Son père, caractériellement discret, n'interférait aucunement dans ses pensées secrètes, au point que leur gêne relationnelle ait insidieusement coulé quelques barrières entre eux. Côté maternel, la chose était plus complexe, tout du moins en surface. Tandis qu'il s'accommoderait sans franche vergogne à économiser sa réserve naturelle, sa culpabilité grandissait à mesure de son déclin physique et moral. En peu d'années, elle en prit le triple. Ses cheveux blancs, batârdement peignés et aussi clairsemés que ceux de son mari, vitalisaient tristement la récente profondeur de ses traits. Ainsi, il forçait une fausse libération de sa parole, et vantait sans y croire les qualités de sa psychiatre par l'amélioration significative de sa santé psychologique. En réalité, son traitement l'effaçait calmement, affectant sa mémoire à court, moyen, long terme, ses réflexes, ses pulsions, ses lubies, sa personne. À la suite de chacun de ses rendez-vous, s'éternisaient en vagues réminiscences des mots placés plus haut que d'autres. Il la maudissait parfois, et s'injuriait de son incapacité d'alors à lui répondre les vérités qu'il échafaudait après coup. Les confidences qu'il eut le courage de lui partager concernant cette vieille femme, sa « mie » qu'il voyait alors tous les dimanches au soir, reçurent pour toute réaction une inquiétude pour son équilibre intérieur. Elle éprouvait une crainte démesurée concernant les conséquences que pourrait avoir l'entretien d'une telle relation. Il est vrai qu'à la suite de ces entrevues privées, il éprouvait quelques mauvaises peines. Néanmoins, cette considération extérieure n'avait à ses yeux pas lieu d'être. C'était pour lui un nouveau chapitre, une première fois pour laquelle il accordait enfin son cœur à se gorger des maux d'un autre. Cette souffrance par procuration était pour lui un bonbon acide que l'on déguste à nouveau pour s'en assurer du goût, et pour lequel toute brûlure d'estomac n'est qu'une naturelle contrepartie. Et comment lui en vouloir ? Ce n'est pas elle qui harnachait, pataudement et sans égards, la tristesse de ses cerveaux. Et quels mauvais cerveaux… Sa pensée branlait à leurs détours. Ses souvenirs flétrissaient. Il lui arrivait de prendre plusieurs fois ses médicaments dans la même journée. Il oubliait ses avalements antérieurs, ou la posologie même. Cette dernière affectée, des conséquences d'humeurs se firent ressentir sur plusieurs semaines avant que, préventivement, ses parents ne se décident à surveiller journalièrement ses prises médicamenteuses. Perdre chacun de ses repères devenait son quotidien, il nageait en uchronie, en constante perte, se référant à longueur de journée aux dires de ses accompagnants de vie.

« Je te l'ai dit hier, tu ne t'en souviens pas ? »

Non, il ne se souvient de rien, sinon qu'on le lui rabâche. Qu'était sa joie, à lui qui n'y croit plus ? Et ses tristesses, à lui qui désespère ? Laissez-le donc marcher, travailler ou s'appesantir. Tous ses jours, désormais, n'attendent que le dernier.

Petit dernier

Ce dimanche au matin, quelque fatigue le conservait inhabituellement au lit. Néanmoins, son réveil décalé d'une demi-heure, il se leva à huit heures, marcha tranquillement vers la fenêtre aux volets ouverts, tira lentement la poignée de sa fenêtre, et se doucha de la fraîcheur du jour. Les quelques nuages ombrageant les rues lui souhaitaient le bon jour. Sa routine matinale effectuée, il s'assit à son bureau tapissé de papiers, de livres et de calculs, un café à la main. Ses tasses se fortifiaient graduellement en teneur et en volume. Sa journée se cadençait parfaitement entre travail, repas, lecture, balade et solitude. Néanmoins, ce jour du Seigneur étant le sien, il rejoint au soir sa belle, sa vieille mie. Quelque chose clochait pourtant. Au passage ferreux du portail cloîtrant le parc, un sentiment étrange l'anima. Arrivé comme toujours à l'heure exacte, la vingt et unième, les premiers rayons de l'été pénétraient enfin les feuillages. Il s'avançait l'esprit malgré tout serein vers le banc où, tout aussi calmement, elle l'attendait. Il s'assit sans dire mot. Il leur était arrivé, une fois, de ne pas se parler. Ils offraient simplement leur présence à l'autre, se ressentaient tranquillement, pour se quitter et déjà penser au dimanche suivant, de la promesse d'un souffle. Cette fois-ci s'avérait différente. Elle lui donna une lettre, sans autre parole qu'un « lis cela dès que tu rentres », sans autre geste qu'une main leste à la cuisse, comme pour lui dire « ne t'inquiète pas, ne m'oublie pas ». Et les trois heures défilèrent implacablement sans autre interaction supérieure à ces mots. À son retour, aucun pas ne l'amenait aux suivants sans s'infléchir du pressant cacheté. Il ferma sa porte d'entrée. Un grand calme, altéré d'un souffle soulagé, le lava de ses anxiétés momentanées. Il monta à l'étage, posa la chose à son bureau, et alluma une lumière : à ses yeux s'imprimaient ces mots en lettres d'or.

L'an Colie

« Je ne demande qu'à être excusée, en plus du reste. Je dois m'en aller plus loin encore, retourner toujours à mes états initiaux. Inconnue dans l'oubli, tu m'as regardé, et ce jour-là, j'ai souri. Je sentais ton doux regard cajoler mes souvenirs, les bronzant d'un amour si... particulier ! Aucun mot ne suffisait, alors nous nous entendions ainsi... Je comprenais tes souffles, je vibrais à ta voix ; et tu faisais de même, et tant plus ! Quelques mois déjà me le criaient, et je n'écoutais pas. J'ai voulu m'échapper à mes tristesses, les laisser à la maison et ne t'offrir que mes joies. Mais elles s'y ennuient, m'implorant toujours et à jamais de les porter un peu, cachées au creux de mon cou. Je m'en endimanchais, donc, et c'est toi qui en portais le poids, d'une générosité sans partage. Ô, tu m'étais un bon miel, bel enfant. Maintenant, j'ai écouté le monde. Je dois arrêter ces maladresses déguisées. Car voilà, si j'ai compris une chose, c'est l'amour que tu m'as fait naître, et ce dernier m'est condamné. La raison de cette page arrachée est plus enfouie encore que ce que tes yeux autorisent à sonder. Lis-tu, je pleure. J'ai les yeux tristallins. Si tu n'en savais rien, d'ailleurs, je t'aime, je t'ai aimé. Mes pensées sont toutes à toi dirigées, où que je sois, où que nous fûmes. Si je peignais nouvellement ces paysages, si je les habillais de jolies choses, de belles couleurs, et nuancées, ce n'était pas de mon jardin de fleurs garni, mais de celles que tu y cueillais. Tu as vu en moi ce que je ne parvenais pas à te dessiner, et tu as été trop bon avec mes mauvaisetés... J'irai mourir dans un coin, d'une forêt, d'un salon ou de la tête, fuyant comme un animal blessé. Alors, regardant un ciel émietté, je retrouverai mes danses oubliées, où la solitude a pris refuge. Ne reviens pas sur tes pas, n'y reviens plus : avance et toujours. Que tes rythmiques battent où tu sus les laisser, que tes

peines respirent, que la vie te soit douce. Souris aux drôles, et ne vois pas en eux les regrets d'un passé. Enfin, si peu le savent et toi le dernier, tu es une belle personne, mais le fouet en main… et le dos lacéré. Tu es un beau, un triste, un vrai. Un être qu'on ne croise en nul ailleurs.

Tendrement. »

Un psy qui attrait un mont

— Bonjour, excusez-moi du retard. Je vous en prie, installez-vous !

Pose du sac au sol, assise lourde et désenchantée.

— Comment allez-vous depuis la dernière fois ? C'était… Mardi quinze… Il y a deux semaines !

Discours lent, regard au vide.

— Une tristesse profonde [pianote au clavier], un sentiment d'abandon [pianote au clavier]… D'accord. Vous pourriez exactement me décrire comment cela s'est déroulé ?

[Trois petits points… et pianote au clavier]

— Vous ne la verrez plus, donc ? Bon, super, il y a du progrès… Vous êtes-vous senti dangereux pour vous-même au cours de ces derniers jours ? Et pour votre famille ? [Pianote au clavier] Très bien. Concernant la posologie, vous la respectez toujours ? 50 mg par jour ? Très bien. Concernant le lycée, vous arrivez à garder le rythme ?

[Trois petits points… et écarte le clavier]

— Vous trouvez encore du sens à votre travail ? Oui ? Et le bac, vous commencez les révisions ?

[…]

Très bien, c'est une mécanique qui roule ! Tout est parfait, félicitations ! Bon… et sinon, avez-vous réussi à affiner vos perspectives d'avenir ? Vers quoi souhaiteriez-vous vous diriger l'année prochaine ? Oh, très bien !

[…]

Bon, eh bien, écoutez… Vous allez dans le bon sens ! Donc on reste sur cette posologie ? Je vous propose qu'on se revoie à la suite de vos résultats ? Quand sont-ils ? Bon, je vous bloque le mardi dix juillet, et vous me rappelez en cas d'urgence ou d'ajustement de la date ? Parfait.

[Quelques formalités]

Profitez bien des chaleurs naissantes de juin ! Au revoir !

Le claquement de la porte résonnait encore à ses oreilles. Et quoi, avait-elle raison ? Peu importe, on doit pleurer ces morts-là. Ses yeux sonnaient encore creux à leurs cavités, à la mesure de son corps, de ses os, de son âme. C'est décidé, il ne reviendra plus.

Expiration nuptiale

Longue heure

Laissez-moi un peu vous expliquer ce qu'il est advenu de ce presque homme durant ses dix dernières années. Tout d'abord, il obtint son diplôme avec des résultats au-delà de ses espérances. La chose accomplie, et gage de réussite, il se décida à changer ses habitudes estivales. Ses journées s'épuisaient en après-midi partagés avec des amis in-profonds. La piscine municipale étant bondée de cris d'enfants, de vacanciers, ils allaient souvent à trois se rafraîchir aux eaux d'un ruisseau voisin. Et coulaient les semaines, et s'en allaient les jours, épicés d'heures. Il en est quelques-unes, cependant, qu'il passait seul à sa chambre. Sa porte est encore fermée aux curieux. Nul ne sait ce qu'il y fait, ce qu'il y vit. Néanmoins, au-dessous, au salon, s'ourdissaient des pas dérangés. Bien qu'il partageait, en âme et conscience, de moins en moins de temps et de confidences avec sa famille, l'humeur collective était, sinon bonne, toujours cordiale. Ensemble, ils mirent en place une tradition nouvelle : manger au restaurant le dernier dimanche du mois. Cette cyclicité inquiétait son désenchantement quotidien par les joyeusetés d'une soirée attendue. Au prix d'une tenue convenable, venaient à lui quelques verres de vin rouge, une entrée, un plat, un désert. Car toujours s'imposait, et davantage encore après ces festivités contenues, sa neurasthénie habituelle. Celle-ci s'intensifiait par ailleurs au rythme de ses décisions médicamenteuses. En effet, il prit parti d'une diminution progressive des doses initialement prescrites, pour tendre à leur arrêt complet. Il avait dû mentir à sa maman, les yeux dans les siens, afin d'arrêter les rendez-vous thérapeutiques. Au-delà du poids de la culpabilité, il s'affranchissait doucement de ses boulets chimiques ou communicatifs. Il avait un autre plan en tête. Il ne voulait plus se traîner à la vie, mais céder à ses douceurs finales. Son projet souffrait cependant de quelques étapes intermédiaires. Il fut accepté dans une classe préparatoire, en section scientifique. Son rythme militaire concordait avec ses combats de chaque instant, sa bataille invisible. S'il y laissait des plumes, sa persévérance était sans faille, et à tout égard. Sa vue diminua franchement aux premiers mois, mais il s'en accommoda à leur fil par le développement rapide de ses facultés de visualisation. Ses progrès, engagés par différents exercices trouvés ou érigés, le poussaient à croire qu'aucune forme de cécité n'aurait la capacité d'entacher ses objectifs. La vie, elle, ne lui accordait aucune trêve. Elle avançait ses pions, harcelait toute position adverse. Sa fatigue, immense, tenait en bonne raison son calvaire psychologique, nullement tarit. Une grande part de son énergie se dissipait d'ailleurs en son camouflage. Bien qu'il souffrait, ses résultats restaient bons et constants. Mais la quantité d'informations ingérées ne troublait pas son ennui, les beautés trouvées n'altérant pas son vide… Et deux années passèrent ainsi. Les concours réussis, il partit alors à Paris. Tant de travail pour retourner à l'école, et ne pas s'y plaire davantage qu'en son enfance ! Le seul centre d'intérêt intellectuel qu'il éprouvait au monde était les sciences physiques, mais c'est pourtant vers l'informatique qu'il dirigea sa formation d'ingénieur : face aux maux de son cœur, la contrariété d'une longue assise face aux lumières artificielles d'un écran d'ordinateur lui était bien supportable, d'autant plus qu'il savait combien il serait aisé d'en gagner ensuite, et largement, sa vie. Il y purgeait une solitude souhaitée, ne s'affairant plus aux tumultes étudiants. Il menait aux trottoirs de sa vie quelques expériences personnelles, indispensables à sa philosophie du « goûter à tout ». Il eut ses premières fois, sexuelles et spirituelles. Fleurissant alors de toutes parts, il s'intéressait à ces auteurs pratiques, créateurs de contenus et rapporteurs de sagesses. Il s'essayait à quelques pratiques que ces gens conseillent, telles que la méditation, la cohérence cardiaque, le jeûne… Ces choses-là dont il espérait un miracle. Cependant, alors qu'arrivaient à grands pas les derniers de son statut d'étudiant, son style de vie changea. Que cela provienne d'un long processus interne, d'une influence extérieure, ou d'un mélange des deux, le fait est qu'il quêtait la sagesse, la nature et le repos. Il ne répondait plus aux horaires ni aux travaux inutiles. Son seul cœur allait à l'ouvrage de sa propre connaissance, et il ne s'encombrait jamais trop de plus. L'acceptation sonnait différemment en lui. Finalement, avec le recul de ses maigres années, il s'autorisait enfin à se laisser couler. Vivre sans reconnaissance, laisser le monde pour ce qu'il est et les idées communes… Laisser ses rêves à la nuit, conjurer ses prétentions adolescentes… c'est cela qu'il apprenait à accepter. L'amertume de son passé, maladivement revisitée, semblait s'adoucir. Puis il trouva un boulot. Il prenait en charge les missions que lui confiait son N+1, et les semaines se ressemblaient incontestablement. Il vivait chichement, disait-on. Aucune folie n'endiablait le cours de son existence. Il esquivait toute invitation, tout afterwork d'une mine occupée et désolée. La qualité de son travail était saluée, et récompensée d'une grasse paye aussitôt endormie dans ses épargnes. On lui prêtait une attitude débonnaire, malgré l'impossibilité manifeste de l'arracher à son train-train quotidien. La constance de sa vie poussait à l'admiration répulsive. Bientôt, il sera au chevet de sa mort, orchestrée par ses soins. Pourtant, il a vingt-huit ans et la joie d'autant d'hommes, qu'on disait. Mais la tour folle s'est avancée. La reine est oubliée, le mât cavale à l'échec et le roi est en étau. Il condamnera la partie de sa défaite, le sourire aux lèvres et la corde au cou. Il est mort ce gamin. Dans sa chambre d'enfant sont encore enterrés ses mots inusités. Sous le sol, au renflement du parquet, on peut y trouver ses dernières pages horodatées. Le filigrane adoube un titre : **Filon d'éther.**

Filon d'éther

Trois livres sont à mes mains. Deux à ma gauche, l'autre, in-fini, sous ma droite. Il est minuit moins le quart, il me reste encore quinze jours et autant d'heures. La nuit regorge d'étoiles englouties. Les pages blanches ainsi noircies m'encouragent lentement à continuer ma folle envie, cette dernière poussée vitale. Je suis en France, aux montagnes du Sud, dans un chalet loué avec mes économies. L'air de ces hauteurs est pur, la vie y est douce. Quelques bougies parsèment la lourde table sur laquelle griffonnent désormais mes doigts. L'auriculaire, indispensable, n'y est que support. Je n'ai qu'un maigre compte en banque, du temps, et mes choses à dire.

Je tourne la page du majeur.

Que me pousse à écrire tant mes yeux et la mort veillent, au front, à mes gestes et méfaits ? Non les secousses et les rires, qui tous deux émerveillent, du clairon, mes fiertés en restes. Les miens soupirent, et non mon cœur. Ce dernier, éprouvé, parfois éreinté, a suivi ma mémoire et livre parfois quelques visions ingérées. Il me fallut tout ce temps pour écrire, bientôt apaisé, les pendants des travers d'un esprit dispersé. Je suis prêt.

L’archet danse, large et dense

Levé tôt et peu dormi, le couteau encore furieusement planté sur la table en souvenir d’hier. À mon âge encore, je suis victime de mes pensées exaltées. Cette référence à l’âge n’a rien d’un faux tissu de sagesse prétendue, mais d’une simple constatation. Revenons à hier. P, R, Ê, T. Le dernier mot est écrit, le point final trituré. C’est le cœur en mille chevaux-vapeur que le vacarme prit place. Références, désirs, réflexivité insupportable. Tournaient dans ma tête ces choses en puissance, ombrageuses. Rien ne se couchait au papier, seule la pointe de mon stylo tremblait frénétiquement. Puis la rage, puis le couteau, et l’alcool au fourneau.

Chapitre I : vieilles rencontres

10 h 35 : seules quelques lignes en une journée. Mes vieux amis sont donc venus me dire adieu, pensais-je, nostalgique. Hier fut une journée perdue. Bach flottait au violoncelle dans la pièce où je restais froid et tendu au fond d'un fauteuil ancien. Atrabilaire, triste, je roulais frénétiquement mes doigts sur la main opposée. Des voix montaient parfois d'anciens souvenirs. Je me sentais déjà mourir. Mon stylo noir inquiétait mes angoisses. Les pages blanches lui faisaient un sang d'encre. Aujourd'hui, au lever, seul à ma table, j'accusais une journée suspendue de mes angoisses fleuries, les mains humides et le cerveau brouillé. Le soleil se lève, mes deux pouces s'entrelacent. Songeant au point final, mon bras gauche s'élance au stylo. Cet arrachement à l'oisiveté est à mes yeux l'œuvre du génie commun. Un de ces rares élans qui vous pousse à faire l'indispensable sursaut. Votre concentration n'a d'égal que votre satisfaction créative. Le mouvement prend le pas sur un quotidien endormi. Voici ces lignes :

J'ai rêvé. Les yeux blancs secs et les muqueuses encore engourdies, mon bras se dirige vers sa récolte matinale, destructrice de semences. J'ai rêvé. En araignée maudite, la main harnachée de sa proie presse la vie et ce cliquetis froid. Ma vision s'éblouit et, se faisant, chasse tout ami d'amnésie, damné s'il en est. J'ai rêvé, je le sais. J'en reviens à cette pensée en oiseau perdu. Je la sais. Je la sens. Quelle petite entrée avons-nous pour de si grands mondes. Elle ne vaut à nos yeux ni l'amour ni la peine d'un instant aussi singulièrement investi. Et nous passons trop ou trépassons à son seuil assorti. Assorti à soi, aux restes.

Des mots en sortent, quelques images nous tapissent et des goûts demeurent quand les ressentiments nous sculptent. C'est alors que commence la quête aux instants privés. C'est l'issue heureuse d'un labeur enjoué qui embrasera le reste.

C'est donc un simple rêve, tant ou peu marquant soit-il, qui engagea le processus d'écriture. Tout comme cette petite anecdote l'illustre, je n'ai aucune approche prédéfinie pour l'écriture de ces quelques pages. Seule une tendance méthodologique ornera ces écrits que j'espère goûtus. Les mots ne seront pas systématiquement choisis avec soin, ils seront peut-être quelquefois inventés. La rigueur apparente exigée par un tel exercice souffrira au profit d'une autre, plus profonde. Ce n'est pas une énigme, c'est un aboutissement. Je n'ai aucune ambition de quantité. Je ne crois pas en avoir de criante concernant la qualité textuelle de la chose. Ce n'est qu'une dernière parole, à de vieux amis.

14 h 35 : Je ressens de vieilles ombres, ces derniers accompagnateurs.

Je me laisse désormais aller au pouvoir de l'instant.

Et m'adonne la mort

Voilà l'une de mes vieilles amies. Blonde, bouclée, si attirante en ma jeunesse. Je n'ai jamais espéré l'oublier, si bien que je n'ai jamais oublié l'espérée. Si des jupons j'ai couru, mes yeux n'accueillent que les siens. Elle fut ma terre promise, la première consolatrice de mes derniers espoirs. Mon premier amour, ma peine et mon ange, gardien s'il en est.

9 h 23 : je remarque à ma main gauche un ballet perturbant entre l'index et le pouce.

C'est la mort, maîtresse de guerre, qui me pousse à écrire quand elle ne m'en défend pas. Ces livres, ces lignes, c'est elle qui me les presse. Elle imprimait en moi ces paysages qui peuplaient mes songes. Ces collines, ce mont, cette ville édifiée… et tout ce tas de choses qui sourit aux années. On y voit des ombres et des amis sûrs. On s'arroge les décombres pour un foyer sans murs. Et à dire vrai… Nous découvrîmes les balades infinies sur un fil amoureux, les sourires couvés de larmes, la solitude de nos deux mains enlacées. Nous brûlions tout vêtement et poétisions le monde de mots incommuns. Les premiers d'un vers osé, c'est elle qui me les souffle. Des périodes folles aux journées alitées… ce n'est qu'elle.

9 h 32 : l'arrêt est brutal, je m'en désole. Quelque pièce du mécanisme d'écriture semble s'être soudainement déchaussée. Plus rien ne daigne s'imprimer au papier. Le sentiment bête du rodage en exercice m'interpelle. Je suis un vieux moulin. Un automate égaré, une machinerie dépassée… Mais aussi ou surtout, un ancien modèle que l'on s'arrachait au temps des libertés accordées, une bécane prétentieuse que l'on volait à ses pères, pour ces je ne sais quoi – et ces je ne sais qui –, qu'il arrive de visiter au nom des souvenirs. Serait-ce trop lyrique, personnel ou accablant ? Seul un sourire en coin demeure. Je lui devais cette page. Mes mains tremblent. Je suis vide et ma tasse est renversée.

14 h 20 : je n'ai pas réussi à décliner mes pensées de l'intérêt de ma démarche. Pour qui, et pourquoi m'astreins-je à combler ces dernières pages ? Y trouverais-je, comme il m'arrive de m'en persuader, un but profond ? (Par ailleurs, si quelqu'un en vient à lire ces manuscrits, je lui laisse libre cours d'en faire ce qu'il en souhaite. Mon intimité couvée, je l'assure, se gardera de s'égarer).

Je repensais aux derniers bouquins que j'avais écrits… Pour l'un, que je souhaitais alors publier… Quelle horreur fut son écriture… C'était un été où chaque jour s'accouchait péniblement, revenant au petit matin comme un patient estropié vers son gourou blanc. Oscillant entre mon apathie chronique et mes désirs grandiloquents, je me figurais enfin la complexité de la tâche. Tout s'effritait, et je vivais le grand effondrement de mon idéal couvé d'années. Je me languissais, me fondais à une mesquinerie grandissante. À ma putréfaction intellectuelle s'enjoignait des conséquences physiologiques : courbure du dos cervicalement accentuée, perte de masse musculaire, gain de masse graisseuse, douleurs articulaires… Je m'engouffrais parfois dans les mauvais penchants des écrivains à la mode. Ah, je les exécrais, idolâtrant par ailleurs les personnalités dont il me semblait saisir la complexité ! Je n'étais qu'un adolescent incomplet, ne comprenant pas tout en se proclamant incompris. Tout double sens allait en ma faveur, et c'est en modifiant ma perception du monde – comme je m'en targuais ! –, que j'ai fini par alchimiser mes considérations personnelles. L'exercice de l'expression de soi fut un échec immense. Je restais, béat face au symptôme de l'écran noir. Des heures entières aux premiers jours. Alors, cette prétention créatrice se muait en léthargie journalière. Je sommeillais plus de quinze heures par jour. Mon sommeil s'entrecoupait de crises, me contraignant à terminer mes nuits durant l'après-midi. Je me lavais peu, et restais en sous-vêtements la journée durant. Heureusement, et c'est une maigre consolation, personne ne souffrait de mes manquements hygiéniques. Je prenais pour seul repas le déjeuner : un broc d'eau et un sandwich. Ce dernier, je le confectionnais avec amour. Avec cet amour que l'on regrette et qui, insidieusement, se colle au crâne. Parmi mes troubles obsessionnels compulsifs, celui-ci est apparu le temps de l'écriture, et s'en est ensuite allé. J'allais au frigo à 11 h 57 précisément. Je restais prostré, religieusement, face à lui. À midi pile – toutes mes minuteries étaient parfaitement réglées –, je l'ouvrais, sortais le pain de mie, le jambon, le beurre et le fromage. Il devait toujours y avoir au moins une tranche de jambon, pain et fromage en plus de celles que j'utilisais. Je laissais les supérieures pour me saisir de celles juste au-dessous. Malheur à mes parents si l'ensemble de ces conditions n'étaient pas réunies. Dans les premiers jours où cette fièvre m'adoptait, ils dérogèrent à ces règles. Ce n'était pas les miennes, que l'on soit clair. Je ne pouvais rien y faire, je n'étais qu'un pantin, un otage de désirs supérieurs. M'imaginer les trahir me plongeait dans une angoisse profonde et incontrôlable, et seule une exécution parfaite de ceux-là me récompensait momentanément de ne pas avoir matière à me haïr. Il ne restait qu'une tranche de pain de mie au frigo, le paquet rempli était au placard. Je ne pouvais plus avoir, à l'heure dictée, la sensation prédite du pain ferme et frais à mes mains, à mon palais. Cela engendra une crise disproportionnée, des angoisses multiples me remontaient, et j'agissais finalement comme un enfant ne sachant parler. J'ai lu pour la première fois le dégoût dans les yeux de mes parents. Je ne savais que le partager. Je n'eus pas la bassesse de mettre ce théâtre sur le compte de ma névropathie d'alors. Ceci eut un impact irrémédiable sur nos rapports. Je ne les voyais alors que de passage, sur les dix minutes du midi qui rythmaient bêtement ma journée. Je crois maintenant qu'ils s'arrangeaient, tour à tour, pour être présents à ces moments…

Je remontai, la gorge nouée et les yeux humides, et m'assis avec le poids de la honte. Je restais, parfois des heures, le regard perdu et la tête vide, penchée, caressant mollement un petit doudou. C'était un tigre, comme maladroitement empaillé. Mon chien était mort peu avant, au soir de mon anniversaire. Il n'avait laissé qu'un seul œil à mon ami tacheté. Ce n'est que lorsque l'ennui de l'ennui me saisissait que j'allais, faiblement, à mon bureau. L'écriture ne se décantait pas franchement. Parfois, porté par la nuit, il m'arrivait d'écrire trois ou quatre pages. Tout était laborieux, et je savais qu'une séance productive ne se défaisait jamais d'une relecture douloureuse au lendemain. J'en revenais irrémédiablement aux mêmes questionnements. Je nageais dans des paradigmes différents d'aujourd'hui, je l'assure. Mais ces sensations récidivantes avaient le même fond dérangeant. Ne suis-je pas sur un chemin perdu, au bord de la route ? Je me demandais sans cesse si les gens comprendraient – non pas le fond, mais le geste –, si j'avais quelque chose à faire au-delà de mon être. Je me sentais possiblement aliéné, dupé par ces rares gens qui ont un instant cru en moi, et dont les paroles d'alors ne m'ont jamais quitté. Elles constituaient le socle immuable d'une confiance supérieure. Celle-ci s'en allait parfois, pour d'autres peut-être. Ce n'est que lorsque le désespoir, timidement, me prenait par la main, la pressant quelquefois pour en vérifier l'emprise, que je me rapprochais d'autres pages. Les pages de ces hommes, aujourd'hui reconnus, et qui me font encore danser. Ce sont des mélodies spiritiques, de fabuleux amis, des météores dont tout un chacun peut en être un singulier détenteur. Ployaient mes ponts sous la résonance intérieure de leurs pensées, criaient mes équipages sous les rythmiques éclatantes de mon rafiot… craquant ! C'est alors, à nouveau sûr de mon expérience, à nouveau certain de mes mots à dire, que je m'adonnais à la délivrance créative.

C'était ce que l'on peut appeler ma période fougueuse. Aujourd'hui, mon microcosme intérieur a subi quelques travaux. Face à moi, le paysage montagneux trahit ma presque sérénité. Pour y revenir un instant, ces mécanismes permettant de toucher à cette

« méta-confiance » demeurent efficaces. J'appelle ainsi la certitude profonde de la détention d'un intérêt existentiel, inconsidéré, mais disponible à tous, car en puissance de la race humaine. Je considère encore avec ferveur cette partie de l'homme que j'ai de ma vie durant qualifiée de supérieure. De la foule, quelqu'un endosse parfois ses qualités. Mais un tel homme n'est rien s'il ne se réalise pas au sommet de cette conscience – le sens y est double –. De surcroît, l'intérêt d'un tel homme pour la société est le plus souvent inférieur à celui d'un individu lambda – le sens y est double –. C'est un arbre en plein désert, d'un réseau dont peu poussent, et indispensable à qui le trouve. Impropre à son milieu, il subsiste longtemps pour parfois se révéler au milieu du sable. Son feuillage est périodiquement agressé par les tempêtes ou ces petits grains font corps. Hélas, par le prononcement de son envergure, s'expriment des défauts psycho-mécaniques : l'équilibre fuit l'élévation. Et parfois, l'homme chute et sa pensée avec. Il sombre dans ce qu'il exécrait ou dans sa folie, comme l'offre l'image de Wagner et Nietzsche. Tandis que l'un se complaisait finalement dans ce que son génie lui refusait à toucher – ici la masturbation constante de la bourgeoisie mondaine, ou l'antisémitisme revendiqué –, l'autre était plongé dans ses profondeurs et ses maladies, au point de s'en oublier. Cet exemple est en tout cas tiré de ma compréhension de la situation globale. Je n'ai pas réalisé de recherches particulières, le dire me débarrasse d'un risque douteux ! Je conserve néanmoins ces lignes, n'en déplaise au possible outragé.

Aube ombrée

6 h 52 : je reviens d'une longue marche. Elle sut apaiser mon insomnie. Non pas son symptôme propre, il en va de soi, mais ses travers métaphysiques. Je suis allé, armé de mes lumières, sur la montagne voisine que j'aime à regarder, les yeux coulant par la fenêtre. J'ai pressé mes pas pour n'être en aucune façon dérangé des premiers rayons qui auraient, du reste, pu réveiller mes ardeurs inconnues. Qu'aucune sorte de vitalité ne saisisse mon corps et n'entrave mes desseins : mon esprit en serait trop idiot. J'ai abandonné toute joie, hormis les petits pas d'une musique indicible. Car s'il est une chose dont je ne me consolerais d'aucune amputation, pour laquelle je n'accepterais pas même une rose de la mort, c'est l'ouïe. Non pas le bruit, que l'on s'entende, bon fardeau des silences. Il peut mourir au loin, je ne le querrai point. Je parle ici d'harmonies, de rythmiques à offrir aux ouverts. Car toute musicalité est soumise à l'adoption. Certaines vous sourient immédiatement, et vous comprenez plus tard qu'elles usaient à tous les charmes de leur collant. D'autres encore jouent d'un double tandis que, toujours, dansent celles qui vous sont encore interdites. Il faut dire haut que la mélodie, c'est beaucoup de choses ! Et c'est elle, je crois, que j'ai de ma vie sondée. Des manquements artistiques ont respecté son corsage, qui parfois s'est ouvert à mes yeux enfantins. Quels jolis seins fruitiers ! Moi qui tournais autour à tant de lignes, bave aux lèvres et crocs aux dents… À l'écrire, il fallait que je la parle ! Et je compris tant alors ! Les yeux fermés et le souffle lent, le monde m'écoutait. Et je l'écoutais en retour. Ces mots que je ne saisissais pas, miens ou non, s'éclairaient à

leur usage. Dès lors, je compris l'importance contemplative. Je ne cherchais plus les choses, et branlais mes sens à leurs meilleurs degrés. C'est ainsi que j'ai pu jouir d'art-d'arts ! Au fond, je crois que l'Artiste est un Homme qui ne fait rien pour offrir, sinon à soi. Son travail, momentanément indispensable, peut affecter, interroger, mais son prolongement est le travail du curieux ou du conquis. Il n'est pas affaire d'aboutissement, qui est au seul regard de son auteur. En réalité, ce sont eux qui confèrent à l'art sa mystique… Oh ! J'ai enfin compris que c'est le fruit doré des recherches inverses, qui me plaît… !

14 h 41 : je me suis réveillé d'une lourde sieste, l'empressement au corps. Il m'adjurait de venir écrire, sans même une idée à développer, sans intérêt autre que d'encrer ce papier. Jusque-là, je m'en sors bien ! Qu'écrire lorsqu'on ne sait quoi et qu'on se croit lu ? Je pourrais vous décrire le piano à bois lourd, qui me regarde en tout coin de la pièce. Ou bien – ou mal – pourrais-je témoigner de ses profondeurs, doigts et cœur à ses touches, l'oreille à son dos ? Mais qu'avons-nous fait ? Bach se tait. Il écoute. « Pourquoi suis-je malheureux ? », et cela suffit. C'est un court entracte un peu symphonique. Quoi qu'il fût et soit, s'il existe meilleure morale, je lui dis merde, du bas de la mienne.

23 h 32 : quel mauvais diable m'a-pliqué ?

Jour

9 h 41 : la créativité peut être provoquée, mais elle n'apparaît que sous l'autorité d'un vouloir décontracté. Je tiens cela de la nuit.

J'ai toujours trouvé des Hommes épatants. Rarement des femmes, il est vrai. Je crois que l'appétit vient en mangeant, et que l'on mange quand on se l'autorise. L'égo d'homme lui donne bonne croyance, et le soumet à peu de choses. Il est nature et société, et non phallus et supériorité. Si derrière toute colère se cache une peur, je comprends les misogynes. Ils ne sont que des bêtes qui, d'un grognement à leur image, protègent un bout de viande. Je partage beaucoup de peine à ceux-là. Car la femme leur est égale – le sens y est double –, et c'est déjà trop : elle nuit à ceux-là, qui souffrent d'un rien – le sens y est double –. Quand les femmes s'étonneront, par son lointain, de l'objet de leurs luttes actuelles et qu'elles auront ingéré ce dû, elles balayeront des hommes et feront, d'un meilleur exercice de leurs facultés, grands biens à la société. Afin d'optimiser les bénéfices de la concentration mondiale des bons Hommes – la physique sociale a tant à faire ! –, une acceptation de ces nouvelles mœurs est indispensable à grande échelle. Combien de grandes scientifiques ou artistes sont tombées dans les méandres de la reconnaissance, fût-elle posthume ? Sophie Germain, Mileva Einstein, Lili Boulanger, pour ne citer que les plus connues de ces oubliées. Qu'elles aient acquis des prix ou une notoriété, elles demeurent dans l'ombre de leurs faits. La société doit évoluer au point le plus juste de l'équilibre des genres : elle s'en trouvera tant élevée… Je dois m'avouer assez étonné d'emprunter un tel sujet qui, pourtant, s'inscrit largement dans les enjeux dits « sociétaux », desquels je me porte habituellement mieux éloigné.

Après réflexion, ce caractère quasi-politique ne tient aucune sorte d'importance, et mon esprit aurait pu en omettre l'allusion – plus désormais ! –. La seule raison m'est humaine.

Je suis sur le lit, à border la mort. Elle se réveillera dans moins de dix jours, pour m'ensommeiller enfin. C'est bien tard que mon esprit saisit la formule de l'acceptation de l'autre. Oui, la raison m'est humaine. Je ne la croyais plus. Il faut avoir trop et mal souffert pour, la corde au cou, s'offusquer encore des choses bâties. Peut-être tiens-je mon aversion pour l'uniforme et les traditions communes de mes intimités mortelles…

J'ai toujours trouvé des Hommes épatants, disais-je, et je me trouve bien sot – c'est la façon la plus distinguée que j'ai trouvée d'exprimer mon incapacité à trouver mieux –. Ces mots sont une image, elle-même piégée de mosaïque. J'admire des écrivains, des philosophes, des scientifiques. En somme, des créateurs, et en petit nombre. Ceux-là battent en mon esprit, mais en mon cœur, fort ou faible de passions ridicules, entrent en mille détours dont aucun ne me pâlit, les fulgurances orales. Ils m'emportent ces gens-là. Ils m'écrasent. Car éclatent avec eux et leur latin conjugués mes inaptitudes à la bonne parlure. Et d'ailleurs, je n'ai ni grande idée, ni la santé d'en défendre. Quelle sorte de vie peut animer avec tant de ferveur les mots de leurs convenances ! Et avec quelle virtuosité ! Ils m'étonnent ces gens-là, et sont, j'insiste, de bons musiciens de la langue. Des improvisateurs, certes, qui ornent de leurs choses des motifs reconnus. Moi, je ne suis pas un jazzeur. Mes sorties publiques sont écrites à l'avance. Sinon, j'offre à qui m'écoute un spectacle bien nigaud, arboré du labeur constant du mot suivant. Car c'est difficile, l'invention à ce niveau-là. Pourquoi un mot plutôt qu'un autre, et d'où leur vient le premier ? Moi, on me les a tous soufflés.

22 h 36 : au fond, je crois que c'est l'émergence d'un rien, qui me surprend le mieux. Mon rien est dix. Son rien est Le Gène.

Nuit

21 h 45 : l'Homme est un animal de vengeance, je tiens cela du jour.

Ne faisons-nous pas toute chose en regard d'une autre ? L'homme n'est-il pas sacré, et la femme belle ? Ne passons-nous pas la vie à sursauter et nous étonner de cela, et ne sommes-nous pas des chercheurs gris se trouvant à l'expliquer – le sens y est double –. Six paires sonnent d'un TOC sain – le sens y est double –. Il faut écouter bas. Si je ne suis pas d'eux, c'est de plus encore – salauds ! –. Je ne dis pas que l'Homme prête vengeance à toute chose, ni encore que toute chose en est le fruit. Il faudrait, de la seconde assertion, s'amuser à dire que l'arbre en est le dernier mot. Définition de la vengeance, par Larousse : se dédommager d'un affront, d'un préjudice. Étrangement, il n'y a ici aucune mention de représailles. Peut-être sont-elles suggérées au sein de ce « dédommagement », dans son acception pathétique : je me lave, me répare moralement du mal d'un autre initialement persécuteur. Mais qu'elle nécessite ou non une altérité physique ou morale sur laquelle exercer son action, la vengeance reste une substance qui émerge a posteriori de l'empreinte de son sujet, et qui agit ou se satisfait rétrospectivement. Néanmoins, il arrive que l'on ne se figure pas tout à fait le motif initial de cette réflexivité : il se dérobe parfois à son étude. Ne criez pas ces hommes dont la maladie va de l'un à l'autre, ou de l'autre à soi. On ne fait que ce que l'on peut, et ce n'est souvent pas assez. Ne leur dites pas, et donnez-leur juste assez de lumière. Alors vous comprendrez… qu'ils font de même, et le sens y est double… Quoique triple !

Nous construisons les meilleures beautés de nos affects axiomatiques. Si cela n'éclaire pas les raisons profondes d'un projet donné, il faut encore globaliser, s'extraire de l'incompréhension par un recul qui, dans le pire cas où il résisterait toujours à mes dires, renseignera au mieux sur le sens – ou plutôt son manque – qui lui est sous-jacent. Je crois avoir résolu assez de ces choses en moi. Non pas toutes, mais assez d'elles pour m'en être serein, et je souris. Si j'ai de ma vie durant avancé masqué, ce n'est en aucune façon pour dorloter mon égo à la pensée de Nietzsche : « tout esprit profond a besoin d'un masque » (par-delà le bien et le mal). Car c'est inconfortable, l'effacement social, à ce niveau-là. Il n'est que la réponse immédiate d'un déséquilibre originel, plus impraticable encore. Je pourrais conjurer ce mauvais sort, mais c'est l'affaire de trop de temps, et je m'en laverai bien ! Cela n'est que le cas isolé d'une foule d'autres. La création panse, la réussite comble, la colère enterre. Peu d'Hommes réparent leurs dissonances primaires à la racine. Nous élaguons à la mesure de notre hauteur, et le poids des années finit par courber notre… hêtre ? Il ne peut alors se redresser qu'au prix de lourds craquements… qui l'allègent enfin. Nous assistons à une migration de grande ampleur : nous glissons vers une société de contenteurs. Nous préférons le moins pire. Que cela brûle ou tue, pourvu que s'offrent à nous ses effets les plus immédiats.

Il est 23 h passé. J'ai rayé, et jeté au feu la suite de ce paragraphe. Une lourde fatigue me prend le corps, à m'en faire trembler l'écriture. Je m'en vais dormir.

Réflexion

12 h 26 : mes humeurs s'instabilisent. J'ai besoin de repos, et n'arrive pourtant pas à m'y soumettre. Je ne tire aucun souvenir de mes lignes d'hier, moins encore d'avant-hier. Je suis sincèrement fatigué.

De part et d'autre de ma feuille, deux autres. Deux courtes réflexions. C'est amusant. De l'une, à ma droite, transparaît plutôt ma technique adaptative de pensée. Je l'ai nommée « la méthode des parenthèses » qui, sous une courte impulsion vitale, « par en thèse ». Il s'agit de s'ouvrir à ses suggestions tout en conservant le lien logique sous-jacent permettant de retomber sur ses pattes, et de continuer son petit bout de voyage. D'ailleurs, ont-ils seulement oublié de m'inculquer ne serait-ce qu'une véritable méthode de réflexion ? Je n'ai, du reste, qu'appris à scolairement exposer le résultat de cette négligence. Thèse, antithèse… Et le tiercé gagnant qui s'invite immédiatement à l'esprit. On ne pense pas ainsi. Ce n'est qu'une façon de balayer, de rapidement dégrossir un sujet en se courbant faussement au yoga intellectuel. Mais la pensée ne doit pas souffrir de ce formatage quasi-dogmatique. Toute chose égale par ailleurs, sa beauté n'est pas seulement de répondre aux questions, mais d'en trouver de nouvelles qui ont à nos yeux du sens, de transiter, d'avancer dans un brouillard et finalement tomber sur une clairière… en utilisant au mieux les édifices de ses apprentissages. Elle est aussi dans ses balbutiements exposés ou non, dans les limites de son avancée. Mais elle est surtout dans le sourire intérieur qu'elle offre du sien, et qu'il est bon de partager. Et l'on revient sur les échelons de ses voyages antérieurs en grimpeur de pyramides momentanément satisfait des hauteurs empruntées. Temporarius ceteris paribus y est gravé à chaque marche. De l'autre côté, légèrement entaché de ma main gauche, je peux déceler une linéarité plus commune et ennuyeuse. Quelques excroissances témoignent paradoxalement de son intérêt. À quoi bon astreindre sa pensée à la définition, à d'apparentes évidences ou extravagances qui pourraient sans dédommagement combler la paresse d'un auteur, ou du lecteur qui sitôt s'empresserait de restreindre l'objet de son attention à une simple masturbation intellectuelle ? En réalité, et contrairement au mal que je pourrais en penser, son rôle est au moins double. Le premier est axiomatique. Nous savons alors de quoi nous parlons, il s'agit de poser les bases, le cadre de réflexion : c'est la bête rigueur. Le second est d'ordre dynamique. Il permet l'extraction artificielle du rien : c'est une cause cinématique efficace. Ce processus permet de mettre en branle les combinaisons neuronales, de stimuler l'intuition et d'aboutir à des conclusions qui, sans travail de même classe, n'auraient du reste jamais été établies. Néanmoins, je pense que cet abord confine, bien qu'il se puisse être une finalité indispensable par l'intérêt de son premier versant exposé. Rares sont ceux qui détonnent avec de tels procédés : Alexandre Grothendieck et sa refondation de la géométrie algébrique m'étonnera jusqu'à mon au-delà… Il était un esprit que j'aime à dire brillamment intelligent…

Brise calme

Faux lit

11 h 57 : j'ai porté Colie, son cœur à mon dos et son cou au mien. Je tenais de l'une à l'autre ses mains, et toujours, cadençais mes appuis à son bon confort. Chut. Il ne faut aucun bruit. Elle dort au coin d'un lit et son repos ment. Qu'elle est belle ! Elle m'est revenue. J'ai tant cru la perdre. Que je l'aime, que je l'aime… ! Bêtement agitée, ma tête bat de l'âme une étrange musique. Je ne peux m'en défaire, et que je l'aime ! On ne danse plus, mais on chante encore. Nous sommes allés à quelques centaines de mètres, contempler d'une hauteur les vertuosités naturelles d'un réel oublié. Elle a cet air si enfantin de respirer, sans encombrement, d'un souffle court et frais. Elle se collait à mon corps, embrassait tous mes plis et picorait d'un bon ton mes caries délaissées.

Je voyais le monde en proportion de ses idées, et toujours me paraissait-il nouveau au chevet de ses mots. Elle faisait de moi un artificieux lampiste, et que je l'aime. Cet amour a-t-il un droit ? Chut, il faut veiller à sa tendresse. Il faut cajoler sa douceur, et envahir ses silences d'autres. Ah, ma tête, chut ! Qu'elle danse alors, et sans rien dire ! Enfin, nous sommes rentrés, moi dos à son cœur et ses mains sur le mien. Je fatiguais d'émoi. Je crois que j'étais triste. Et puis l'on sonnait, hier déjà. Si encore elle était morte, je l'appellerais belle, mais la voilà de la sorte et je suis fou d'elle. Mon dieu si j'en suis, que je l'aime…

20h60 : dadim, dadam, dadoum, mes affaires sont prêtes ! J'écris, adapte et groove, et mon flaire s'y prête ! Le pitranimal arrive, à dos d'escarres gros ! Zouave inétanche, tanche iné va où ? Zz, le serpent dort trop au port d'ors pensés là ! La l'où, là là, l'a-la-li !

Leurre inconnu

Cela n'a plus d'oreille, et mes parents sont aimants d'un partage privé. Maintenant, je leur dis à chaque matin, et tant pis pour les détours. Mes promenades ont enfin un sens, et j'y soumets en enfant bête et mauve un cacheté à la première ronde postale. J'aime à leur écrire ces choses. J'aime à les savoir heureux, à les savoir encore un peu en bas, malgré tout et à jamais auprès de moi. Ah, la voilà qui bouge aussi. Ai-je écrit trop dur ? Je suis en manque et non de souvenirs. J'en suis à la manque. Quand le temps n'avait plus cours, que j'étais encore à peindre la carlingue d'un avion de désert, mes choses allaient sans sursaut. J'égouttais mes peines, et m'abreuvais sans discret aux chaleurs d'un jus d'haine. Un jus rouge, un doux jus. Je volais parfois un pétrole à la terre, emplissais goulûment un réservoir innommé, brûlais mes cartes à brûler et nageais dans des étoiles acryliquées, assez loin et assez haut pour, de l'éther, me pardonner de griller tour à tour et une à une de ses lumières qui font, ailleurs, jour. Je parvenais sans mesure au plus haut degré de l'opposé stylistique, jean sans trous à trous, souillures graisseuses inégalement parsemées à mes hauts, veste beige semi-ouverte, et de vieilles lunettes d'aviateur pour tout comble caricatural. J'allais, dans mon malheur, et y revenais encore à bord de mon vaisseau Manque. Je dois faire vite, elle m'annone. « Mourons s'il faut vivre et prions s'il faut mourir ». Car la mort m'est un Bon Dieu, et j'en suis un à ma vie. Il se faut migrer vers sa spiritualité, fût-elle clémente. Oh, comme je souffre, comme cela m'est cruel ! J'ai besoin de néant, je le presse et le blâme ! Il m'urge de n'être plus au courant de rien, sinon de ce fait. Il me faut un prêtre, il me faut une foi. Que l'on soit dans sa chambre d'enfant, ou dans un appartement vide, il nous faut aimer un dieu.

Un dieu meilleur que moi.

L’or gît

9h03 : il me reste encore trois nuits à endurer un sommeil entrecoupé. J’inspecte chacun de mes malaises, et les détends calmement. Je suis apaisé. J’ai encore réglé les derniers papiers. Ils m’en veulent, ces papiers ! J’irai les déposer plus tard avec mes vœux d’amour. Bach est là. Ma journée est morte. Je la nagerai en plein délivres. Je liserai de nouveaux verbes, boiverai des mots d’enfants au goutte à goutte en trempant mes doigts au café chaud, et oublierai mes bêtises par d’autres, plus jolies encore.

12 h : me lira-t-on seulement ? Verront-ils ces tableaux, ces sculptures, ces bons mots ? Quand le produit me libérera finalement de mes attaches charnelles, le monde me quittera et avec, hommes, espace, et temps. Ah, rien ne survit donc, et je mourrai en ces termes !

Et d’ailleurs, qu’ai-je fait de mes doigts ? Oh, voilà que cela danse à nouveau ! Je briserai cette dernière corde, et tu te noieras aussi ! Chut, il ne faut point de bruit. Elle s’en est retournée dans la forêt. Il est prostré au bas de la porte, adossé au mur, et elle, elle dort ! Il faut se taire, dis-je ! Oh, mais je l’aime, je l’aime… et elle me veut ! « Mais je ne te veux pas, moi », lui rétorquais-je. Je veux t’aimer à ton image, je veux t’aimer en souvenir. Et j’ai pleuré aussitôt, comme il m’arrive avec elle. Plongeant mon corps dans le ridicule du sien, collant cette marâtre de ma bouche à ses tétines, j’ai bu ses peines et son lait d’heures. Et me voilà bien sot, rempli de vomissures. Quelle heure est-il ? Oh, déjà si tard, et je ne sais plus la lire. Et je l’oublie.

La jouissance existe en ciel

Je me vois déjà heureux. Ils arriveront à bon pas, à bon port. J'ouvrirai la porte qui a toqué trois fois, et respirerai un bon air, plus chaleureux encore au-dehors. J'exploserai mes compliments d'usages, ma politesse : je veux être un bonheur, je veux être une société de bonshommes. J'en plisserai les yeux, j'en aurai un sourire extrémiste, j'en embrasserai tout dernier inconnu. Et nous irons, claquant la porte et parlant du ciel, à mon faux-teuil. Elle installera – oui, c'est une femme – le matériel nécessaire à l'injection de cet élixir terminal, et nous discuterons encore, et je signerai un peu. Elle me demandera encore ce que de droit, et je dirai oui, enfin sereingue. Elle sera mon dernier amour, cette femme, et j'en oublierai le reste. Elle tiendra ma main de ses mains fines, et je le sais déjà. Je reposerai mon autre sur la sienne, comme pour me rappeler mes jeux d'enfant. Je me tiendrai timide, n'osant regarder du mien ses yeux bleus, et je ne ferai rien. Son parfum protégera l'odeur de son cou. Ses cheveux ondulés, blonds, viendront provoquer mes poignets d'une caresse. Oh, il doit bien rester quelques beautés en ce monde ! Elle me dira adieu en se rapprochant de moi, et je la quitterai au plus près. Mes yeux se lèvent, se ferment, et, d'un silence révisé, j'ouvre la valve qui se propose à reposer mon cœur. Alors que je me réduis au monde, un souffle chaud me prend le corps, puis mes lèvres. Elle m'embrasse, et je meurs en mi-héros… mi-tomane. Je ne prends, de sa bouche et de ses lèvres, que le suc adoré qui mène à la plus triste de mes fièvres. Elle m'aime.

Vers-nier

Je n'ai plus de dents, je n'ai plus de cœur. Elle me les a arrachés tout crus, cette folle à cent. C'est une mauvaise dont j'ai fait bon procès. Non, ce n'est pas toi qui me tues, mais qui d'autre ? Ah, on me séquestre, je le vois bien ! Où es-tu, fourbu à moustache ? Je sens que l'on rôde, que l'on me chasse autour. Je ne plierai pas, sinon demain ! Mille oiseaux me l'ont dit, et des vers en plus grand nombre ! Je touche enfin à mon bonheur, traîné la corde au cou. Je n'ai plus rien de rien. S'effacent mes doigts, se courbe le dos, s'en va déjà le monde et s'en meurent aussi les bons droits… Oh, je ne lie plus et c'est mon mal. Il est l'heure de me réduire au silence. Demain, dans les premières heures, j'apposerai enfin mon point final. Je fondrai d'un bon jus, d'une chaleur malheurifique. On ne m'a jamais écouté, et ne le croyant pourtant pas, j'en suis un fier fautif ! D'ailleurs, j'ai fait mes travaux de bon fils, je n'ai plus le cœur aux adieux. Je vis ce que j'ai su. Abdiquer m'est bon. C'est un droit. C'est mon devoir. Je m'en vais cueillir mes dernières perles de pluie, venues de ce pays où il pleut.

J'attends déjà que l'on toque. À mieux.

Menu phare

C’est le fils de tout le monde, ce gosse-là, et ses dernières lumières ont décidé de s’éteindre au shot de pentobarbital. Le sol ne paraît pas sous les ratures manuscrites et les dessins noirs. Un couteau planté perce un amoncellement de lettres officielles refusant son suicide assisté. Elles ont un an, six mois, trois jours… Des tableaux, des sculptures, des instruments s’accolent familièrement pour y veiller au mieux. Au coin de son bureau, des lettres se timbrent d’un « Papa, maman » calligraphié. On devine ici et là d’autres choses indiscrètes desquelles se détache un petit carnet, ouvert et noir, et blanc, au creux de sa main. On peut y voir deux gravures : L’or œillé. Le petit appartement est devenu mausolée. Sa fenêtre est obombrée par la peinture d’un mont sombre. Son corps, lui, est encore chaud, nu, laid, squelettique, arraché. Il faut le retourner pour découvrir, à son cœur, un papier mouillé. « La mort ne trahit pas l’enfer ».

Quant à nous, quoi qu’il en coûte ou qu’il en soit, à l’an prochain !

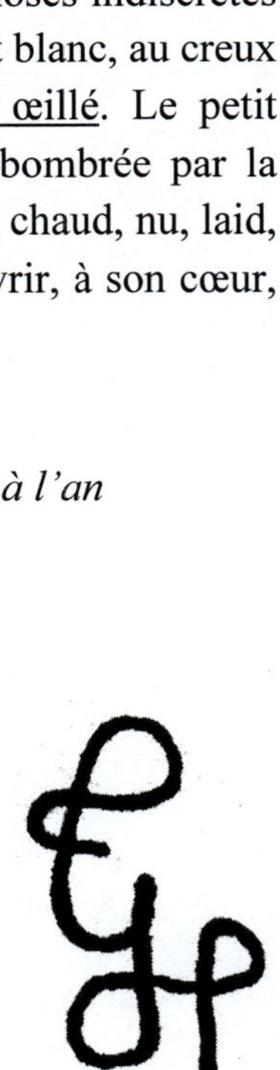

Imprimé en France
Achevé d'imprimer en février 2023
Dépôt légal : janvier 2023

Pour

Le Lys Bleu Éditions
40, rue du Louvre
75001 Paris